世界は切り取られてできている

メディア・リテラシーを身につける本

NHK出版

目次

序章　メディア・リテラシーを身につける

①メディア・リテラシーの必要性 ……………………… 8

②本書の活用方法 ……………………… 10

（深掘りメモ）メディア・リテラシーの構成要素 ……………………… 13

Ⅰ　勝手な思い込みによる混乱や争い、偏見や差別を回避する

第1章　メディア・リテラシー

①メディア・リテラシーとは何か？ ……………………… 16

②「メディア」と「リテラシー」 ……………………… 17

③メディア・リテラシーの必要性 ……………………… 21

④メディア環境の変化を捉える ……………………… 24

（深掘りメモ）フィルターバブル ……………………… 26

第2章　テレビニュース

①テレビニュースを理解するには ……………………… 28

（深掘りメモ）メディア特性 ……………………… 31

②ニュース番組における事実と意見 ……………………… 33

第3章　統計

①統計と統計調査 ……………………… 38

（深掘りメモ）定量調査と定性調査 ……………………… 40

②統計グラフの表し方の特徴 ……………………… 40

（深掘りメモ）ヒストグラム、散布図、箱ひげ図 ……………………… 44

③グラフの意図を読み解き表現する ……………………… 44

（深掘りメモ）疑似相関と第3の変数 ……………………… 48

第4章　新聞

①新聞の特徴と種類 ……………………… 52

深掘りメモ 社説・コラム ……………………… 53

深掘りメモ 戸別配達制度 ……………………… 54

②新聞記事の作られ方 ……………………… 55

③通信社の役割と特ダネ競争 ……………… 56

④昨今の新聞業界 …………………… 57

⑤新聞を読むポイント ……………………… 59

第5章　動画投稿サイト

①動画投稿サイトとは ………………… 64

②知っておきたい動画の情報発信のルール ………………… 66

深掘りメモ 肖像権 …………………… 68

③動画投稿サイトにおける表現の自由 ………………… 70

深掘りメモ 表現の自由 ……………… 71

第6章　虚構と現実

①メディアが伝える現実 …………………… 74

②伝えられている現実 ………………… 77

③バラエティー番組と現実 ……………… 78

④望ましいメディア社会を目指して ……………… 81

深掘りメモ BPO（放送倫理・番組向上機構） ………………… 83

Ⅲ　当たり前になっている固定観念に疑問を持つことで人の生きづらさを解消する

第7章　ステレオタイプ

①ステレオタイプ（固定観念）とは？ ……………………… 86

（深掘りメモ）リプレゼンテーション ……………………… 87

②ステレオタイプとリプレゼンテーション ……………………… 87

③ステレオタイプにどう対応するのか？ ……………………… 92

第8章　写真

①写真と私たち ……………………… 98

②写真はありのままを伝えているか ……………………… 100

③伝えるための表現の工夫 ……………………… 102

④メディア・リテラシーを身につけよう ……………………… 105

（深掘りメモ）構図 ……………………… 107

（深掘りメモ）トリミング ……………………… 107

第9章　広告・キャッチコピー

①広告 ……………………… 108

（深掘りメモ）メディア言語 ……………………… 114

②キャッチコピー ……………………… 114

（深掘りメモ）アテンションエコノミー ……………………… 115

Ⅳ　嘘の情報や情報操作に対してまどわされないようにする

第10章　フェイクニュース

①多様なフェイクニュース ……………………… 118

②フェイクニュースの分類 ……………………… 119

③フェイクニュースの拡散の仕組みと見極め ……………………… 122

（深掘りメモ）ファクトチェック ……………………… 126

第11章　読者投稿型サイト

①読者投稿型サイト ···················· 128

（深掘りメモ）信憑性 ···················· 129

②信用できる情報かどうかを見極めるポイント ···················· 131

③情報を的確に届けるためのポイント ···················· 133

第12章　SNS

①SNSのメディア特性 ···················· 138

②SNSと情報の「偏り」 ···················· 141

（深掘りメモ）エコーチェンバー ···················· 144

③SNSとうまくつきあうには ···················· 146

V　新たな文化を創造することで人の心を豊かなものにする

第13章　編　集

①「編集」とは ···················· 150

②映像編集の基本 ···················· 151

（深掘りメモ）映像文法 ···················· 154

③インタビューの編集 ···················· 155

（深掘りメモ）公平 ···················· 158

④ナレーション、テロップ、音楽 ···················· 158

⑤編集された映像を見る時の注意点 ···················· 159

第14章　著作権

①著作権とは？ ···················· 160

（深掘りメモ）知的財産権 ···················· 162

②著作物を利用するには？ ···················· 162

（深掘りメモ）デジタルアーカイブ ···················· 165

③私たち一人一人が著作権者 ···················· 166

第15章　AI

①AIとは何か ……………………… 168

深掘りメモ 生成AI ……………………… 171

②AIの課題とメディア・リテラシー ……………………… 172

終章　世界は切り取られてできている

①身についたメディア・リテラシーを確認する ……………………… 180

②身につけたメディア・リテラシーを活かす ……………………… 184

あとがき ……………………… 186

事項索引 ……………………… 187

人名索引 ……………………… 190

著者紹介 ……………………… 191

編著者紹介 ……………………… 192

メディア・リテラシーを身につける

中橋 雄（なかはし ゆう）

① メディア・リテラシーの必要性

メディア・リテラシーとは

　本書の目的は、メディア社会に参画するすべての人にメディア・リテラシーという能力を身につけてもらうことです。メディア・リテラシーとはどのような能力なのでしょうか？　ここでのメディア・リテラシーとは、「メディアの意味と特性を理解した上で、受け手として情報を読み解き、送り手として情報を表現・発信するとともに、メディアのあり方を考え、行動していくことができる能力」のことです。この説明は短い言葉で定義したものなので、抽象的でわかりにくいかもしれませんね。実際には、多様な構成要素から成る複合的な能力であると整理されています。本書では、具体的な内容をとりあげながら、この能力について理解を深め、身につけてもらうことを目指します。

　では、なぜメディア・リテラシーという能力を身につける必要があるのでしょうか。メディア・リテラシーを身につけていると、どのようなよいことがあるのでしょうか。実は、メディア・リテラシーが必要とされる理由には、時代や地域や立場によってさまざまな考えがあるのです。そのため、その答えは1つではありません。いろいろなよいことがあると言われているのですが、その例はあとで紹介したいと思います。

　まずは、メディアに関する能力とはどのようなものがあるか、自分で思いつく限り考え、書き出してみてください。現代社会において、メディアと接することなく生活することはできませんから、みなさんは、これまでにも多くのメ

ディアに接してきているはずです。また、そこでは、メディアに関する能力を発揮できている部分と、まだ発揮できていない部分があると思います。

　自分が既にもっている知識を確認してから読み進めることで、その理解を深いものにすることができます。また、新しく獲得できる知識がこれまでの知識と結びつきやすくなり、成長を実感することができると思います。さて、みなさんは、いくつ考えることができるでしょうか？

メディア環境の変化

　近年、メディア・リテラシーの重要性が高まっています。それは、現代社会におけるメディア環境が複雑に変化し続けていて、その影響が大きくなっていると考えられるからです。例えば、インターネット、SNS、スマートフォンなどの普及により、誰もが情報発信しやすい環境となりました。また、AIが情報をおすすめしてくれたり、コンテンツを生成したりする状況が生まれ、これまでと同じようにメディアを捉えることはできなくなっています。いずれも、便利さを提供してくれるものではあるのですが、適切に活用するためには、相応のメディア・リテラシーが求められることになります。

　教育の情報化を推進する「GIGAスクール構想」という文部科学省の取り組みによって、ほとんどの小・中学校に学習者用1人1台情報端末環境が整えられました。また、小・中学校だけでなく高等学校や大学においても情報端末を活用した学習活動が行われるようになってきました。授業や家庭学習の場面で学習者が学習の計画や学習の方法を選択し、自らの学びを調整しながら、探究的に学ぶ機会は増えてきています。それは、誰かに与えられた教材ではなく、学習者が自分で選択したメディアを通じて学ぶということですから、目的に対して適したメディアを選択できる必要があります。また、意図をもって構成されたメディアに対して、学習者自身が情報を吟味する力や、それを再構成し表現・発信していく力が必要です。人が生涯にわたって学び続け、成長し続けるための学習の基盤としてメディア・リテラシーという能力が、不可欠なものとなっているのです。

　本書の内容は、メディア社会を生きる人であれば誰にとっても役立つものだと思いますが、特にこれから本格的にメディア社会に参画する機会が増える中

学生・高校生・大学生には、ぜひ読んでもらいたいと考えています。そして、学んだことを大人に教えてあげてほしいと思います。なぜなら、今の大人が子供だった頃は、メディアについての教育を受ける機会が限られていたからです。学ぶ機会があったとしても、その頃とメディア環境が大きく変化しているため、現在の状況を知ってもらう必要があると言えるでしょう。

　メディア・リテラシーは、自分だけが身につけていればよい能力ではありません。メディア・リテラシーは人と人とのコミュニケーションや社会・文化の形成と関係のある能力なので、自分と関わることになる人にもその能力が求められることになります。あなたが心地よく過ごすために、同じ社会で暮らす人々にも身につけてもらう必要があるのです。その重要性は、この本を読み進めていくとわかると思うので、そのことを考えながら読み進めてください。

 ## 本書の活用方法

本書の内容と構成

　なぜメディア・リテラシーが求められるのかということについては、異なる立場からさまざまな理由が指摘されてきました。例えば、「勝手な思い込みによる混乱や争い、偏見や差別を回避する」「権力が暴走しないよう監視して民主主義を守る」「当たり前になっている固定観念に疑問を持つことで人の生きづらさを解消する」「嘘の情報や情報操作に対してまどわされないようにする」「新たな文化を創造することで人の心を豊かなものにする」といったことが、メディア・リテラシーを身につけることでできるようになるのではないかと考えられてきました。これらが、「メディア・リテラシーを身につけていると、どのようなよいことがあるのか？」という問いに対する答えの例と言えます。どうでしょうか？　はじめに自分なりに考えてみたことと、どの程度重なっていたでしょうか。中には思いつかなかったようなものもあったのではないでしょうか。

　本書の構成は、ここで挙げたメディア・リテラシーに対する必要性や期待に

基づく５つの柱を目標として設定することにしました。これまでの蓄積を柱とすることで、これからの時代に求められるメディア・リテラシーが狭い範囲に限定されたものにならないようにするために、また、「この他にも必要性や期待があるのではないか？」と発展的に考えることができるようにするために、一定の枠組みを確認することが重要だと考えたからです。１つの柱に対して３つの切り口を設け、15章で多角的にそれぞれの目標達成を試みる構成にしました。

１つ目の柱は、「勝手な思い込みによる混乱や争い、偏見や差別を回避する」ことです。このことについて「第１章　メディア・リテラシー」「第２章　テレビニュース」「第３章　統計」といった切り口で考えます。

２つ目の柱は、「権力が暴走しないよう監視して民主主義を守る」ことです。このことについて「第４章　新聞」「第５章　動画投稿サイト」「第６章　虚構と現実」といった切り口で考えます。

３つ目の柱は、「当たり前になっている固定観念に疑問を持つことで人の生きづらさを解消する」ことです。このことについて「第７章　ステレオタイプ」「第８章　写真」「第９章　広告・キャッチコピー」といった切り口で考えます。

４つ目の柱は、「嘘の情報や情報操作に対してまどわされないようにする」ことです。このことについて「第10章　フェイクニュース」「第11章　読者投稿型サイト」「第12章　SNS」といった切り口で考えます。

５つ目の柱は、「新たな文化を創造することで人の心を豊かなものにする」ことです。このことについて「第13章　編集」「第14章　著作権」「第15章　AI」といった切り口で考えます。

興味のもてそうな内容はあったでしょうか？　どの章から読んでもらっても構いません。ただし、その裏側には５つの柱があることを知っておいてもらえればと思います。また、「この５つ以外にもメディア・リテラシーを身につけるよさはないのかな？」と考えながら読んでもらえればと思います。

本書の特色と学び方

本書の特色は、当たり前になってしまっているメディアのあり方に疑問をもつように促すことで、メディア・リテラシーを育む点にあります。そのことに

よって、学んだことを関連づけたり、発展させたり、応用したりすることができるようになると考えています。

　本書を読み、メディア・リテラシーを身につける上で、おすすめの方法があります。それは、インターネットで視聴できるNHK for Schoolの映像教材と組み合わせて学ぶことです。NHK for Schoolでは、『アッ！とメディア』というメディア・リテラシーについて学ぶためのテレビ番組を視聴することができます（図序-1）。

図序-1　『アッ！とメディア』のWebサイト⁽²⁾

『アッ！とメディア』のWebサイトでは、以下のように番組の概要とストーリーが説明されています。

　1人1台端末時代の今、メディア・リテラシーを身につけていないことで起こる身近な「ヒヤリハット」事例をドラマで。「メディア」の特徴や社会に及ぼす影響は、VTRでわかりやすく伝えます。

　ここは芽出ヶ丘中学校放送委員会。校内放送のほか、「芽出中チャンネル」で番組を配信したり、SNSでトレンド情報を発信したり、と、ネットとも連動しながら活動しています。

放送委員のミクとユウタ。自分たちの端末を駆使して活動するなかで、ときに「ヒヤリ」とすることも……!!

そんなとき、どうする!?　顧問のトシヤ先生も交えて考える中で、メディア・リテラシーが身についていきます。

あなたも一緒に考えてみませんか?

『アッ!とメディア』のWebサイトでは、過去の放送回がまとめて公開されているため、興味をもった内容を選択することができます。『アッ!とメディア』は、小学校(高学年)・中学校での活用を想定して作られていますが、大人であっても新しく学べることがあると思います。ドラマ形式で楽しみながら、基礎的なことを学ぶことができるでしょう。それを視聴した上で、本書の関連のある章を読んで理解を深める学び方ができると考えています。

また、本書では、できるだけ多様な切り口でメディア・リテラシーについて考える構成にしましたが、本書で扱われていることが、すべてではありません。自ら探究して学びを深めてもらいたいと思います。これをきっかけとして、別の本や資料を調べる学び方にも挑戦してもらえればと思います。

深掘りメモ　メディア・リテラシーの構成要素

メディア・リテラシーという能力は、さまざまな立場のもとで、その重要性が語られてきた。著者は、そうしたさまざまな立場が重視してきた要素を集め、ソーシャルメディア時代のメディア・リテラシーの構成要素として以下のように整理している(1)。何かに注目することで、他の大切なことが見落とされてしまうことがないように、多様な構成要素の存在を意識してもらいたい。

(1)メディアを使いこなす能力

a. 情報装置の機能や特性を理解できる

b. 情報装置を操作することができる

c. 目的に応じた情報装置の使い分けや組み合わせができる

(2)メディアの特性を理解する能力

a. 社会・文化・政治・経済などとメディアとの関係を理解できる

b. 情報内容が送り手の意図によって構成されることを理解できる

c. メディアが人の現実の認識や価値観を形成していることを理解できる

（3）メディアを読解、解釈、鑑賞する能力

a. 語彙・文法・表現技法などの記号体系を理解できる

b. 記号体系を用いて情報内容を理解することができる

c. 情報内容から背景にあることを読み取り、想像的に解釈、鑑賞できる

（4）メディアを批判的に捉える能力

a. 情報内容の信憑性を判断することができる

b. 「現実」を伝えるメディアも作られた「イメージ」だと捉えることができる

c. 自分の価値観に囚われず送り手の意図・思想・立場を捉えることができる

（5）考えをメディアで表現する能力

a. 相手や目的を意識し、情報手段・表現技法を駆使した表現ができる

b. 他者の考えを受け入れつつ、自分の考えや新しい文化を創出できる

c. 多様な価値観が存在する社会において送り手となる責任・倫理を理解できる

（6）メディアによる対話とコミュニケーション能力

a. 相手の解釈によって、自分の意図がそのまま伝わらないことを理解できる

b. 相手の反応に応じた情報の発信ができる

c. 相手との関係性を深めるコミュニケーションを図ることができる

（7）メディアのあり方を提案する能力

a. 新しい情報装置の使い方や情報装置そのものを生み出すことができる

b. コミュニティにおける取り決めやルールを提案することができる

c. メディアのあり方を評価し、調整していくことができる

参考・引用文献

（1）中橋 雄：『メディア・リテラシー論―ソーシャルメディア時代のメディア教育』北樹出版（2014）

（2）NHK：「アッ！とメディア〜＠media〜」

https://www2.nhk.or.jp/school/watch/bangumi/?das_id=D0005180463_00000（参照2023-09-01）

I

勝手な思い込みによる
混乱や争い、
偏見や差別を回避する

Chapter 第1章

メディア・リテラシー

中橋 雄（なかはし ゆう）

① メディア・リテラシーとは何か？

メディア・リテラシーの定義

　これからの時代を生きる上で、メディア・リテラシーを身につけることが重要であると考えられています。では、メディア・リテラシーとはどのような能力なのでしょうか？　序章において、ここでのメディア・リテラシーとは、「メディアの意味と特性を理解した上で、受け手として情報を読み解き、送り手として情報を表現・発信するとともに、メディアのあり方を考え、行動していくことができる能力」のことだと説明しました。

　言葉の定義というのは、唯一絶対の正解があるものではありません。

　実際に、メディア・リテラシーの定義は、さまざまな研究者によって行われてきました。ある程度共通の内容を含みながらも異なる定義が存在するのは、時代、属する社会、立場などによって重視される能力が異なるからだと考えられます。ですから、「ここでは」という前置きをしたように、この定義以外にもメディア・リテラシーの定義は存在するということを知っておいてください。

　定義は、どれかを正解として暗記すればよいというものではありません。いったん「そういうものか」と受け止めた上で、「そういうものなのだろうか？」とも考えてみてもらいたいと思います。ぜひ、いろいろな定義を比べてみてください。そして、それぞれの定義に込められた意図を読み取ってもらいたいと思います。この定義をした人は、どのような背景をもった人で、なぜこのような定義にいきついたのだろうか？　と考えてみてもらいたいと思います。

2つの言葉からなる言葉

「メディア・リテラシー」は、「メディアリテラシー」と表記される場合もあります。どちらも間違いとは言えませんし、基本的に同じものを指しているのですが、なぜ2種類あるのでしょうか？　よく考えずにどちらかを使っているという場合もあるとは思いますが、あえて使い分けている人はいます。ここで考えてもらいたいことは、「・」という記号にすら意味があるということです。

さまざまな立場の意図があると思いますが、例えば、一般的に認められた1つの固有名詞として「・」を入れないことが望ましいと考えている人がいます。その一方で、メディア・リテラシーは、「メディア」と「リテラシー」という2つの言葉を組み合わせて作られた造語であるということが伝わるように、あえて「・」を入れることが望ましいと考える人もいます。本書では、後者の考えを採用して、別の書籍や論文で使われている文章を引用する場合を除き、「メディア・リテラシー」という言葉の使い方で統一します。

以下では、「メディア」とは何か、「リテラシー」とは何かということについて理解を深めていこうと思います。その成り立ちについて考えることを通じて、メディア・リテラシーという言葉の意味を捉えてもらいたいと思います。

 # 「メディア」と「リテラシー」

メディアとは？

メディアという言葉の意味を考えていきましょう。まず、メディアと呼ばれているものには、どのようなものがあるか、思いつく限りノートに書き出してください。そして、この後に書かれていることと照らし合わせて、当てはまっているか確かめてもらいたいと思います。

広い意味では、メディアは、「送り手と受け手の間に入り、情報を伝えているもの」だと言えます。具体的には、新聞、雑誌、テレビ、ラジオ、インターネット、写真、ポスター、映画、音楽など、それに該当するものにはさまざま

なものがあると考えられます。映画館、劇場、都市空間、身近なところでは教室というような場所もメディアと言えそうです。さらに突き詰めていくと普段はメディアだと意識しないようなものでも、実はメディアに含まれるということがあります。例えば、「文字」や「言葉」や「音声」はどうでしょうか？何かを伝えるために人間が生み出した技術ですが、送り手と受け手の間に入り、情報を伝える機能を果たす場合にはメディアと言えるでしょう。

　それでは、「公園の木はメディアですか？」と聞かれたら、あなたならどのように答えますか？　先に示した「送り手と受け手の間に入り、情報を伝えているもの」という定義に当てはまりますか？　もしその木が自然に生えたもので、送り手の存在がなければメディアとは言えないでしょう。しかし、公園にきた人に安らぎを感じてもらいたいという送り手の意図やメッセージがあって植えられた場合には、メディアとしての機能を果たしていると言えるでしょう。同じものであってもメディアになったりならなかったりする、メディアとは、そういうものだと考えることができます。

　メディアは、情報をのせて運び届ける乗り物のようなものだと例えられることもありますが、運ばれる情報内容（コンテンツ）も含まれると考えられます。例えば、スマートフォンやテレビといった機器や本などのように情報を伝達する装置、つまりモノとしてのメディアがイメージされることは多いかもしれません。しかし、それだけあっても情報は伝わりませんから、情報内容も含まれると考えてよいでしょう。どちらかだけでは、メディアとして機能しないからです。

　同様に、動画コンテンツには、出演者・制作者がいますから人もメディアのうちに含まれます。送り手としてのテレビ番組ディレクターが受け手としての視聴者に何か伝えようと制作する番組には、出演者もいれば、カメラマンや編集者、音響や照明の技術者など、多くの人が関わります。そのため、人も送り手と受け手の間に入るメディアだと捉えることができるのです。

　送り手と受け手の間に入って情報を伝達するためには、他にも必要なものがあります。例えば、送り手と受け手がスマートフォンの機器をもっていたとしても、インターネットに接続されていなければ情報を送受信することはできません。スマートフォンでインターネット網を利用して情報の受発信ができる仕

組み、つまり、社会基盤（情報インフラストラクチャー）がなければならない
でしょう。スマートフォンで通信を行うためには、周波数の取り決めやアンテ
ナ基地局が必要になります。また、使った分だけ料金を支払うプランなのか使
い放題プランなのかといったように企業が提供している料金プランなども社会
基盤に含まれます。こうした社会基盤の形成は、スマートフォンに限ったこと
ではありません。テレビ、新聞、雑誌、ラジオ、手紙、電話などそれぞれに、
人々が豊かな生活を送ることができるようにするために整備されてきました。

　このようにメディアには、さまざまな捉え方があります。そして、さまざま
な要素が含まれています。その要素があることによってメディアの特性が生じ
ることになります。そのことを覚えておいてください。

リテラシーとは？

　リテラシーは、狭い意味で「文字を読み書きできる能力」と説明されること
があります。みなさんには読み書き能力がありますか？　その能力があるから
こそ、今この本を読むことができているのだと思います。文字を読み書きする
能力には、さまざまなレベルがあると思いませんか。

　例えば、「りんご」という文字を見て「りんご」と発音できるだけのレベル。
果物のりんごを思い浮かべることができるレベル。「このりんごは甘いねー」
と言われた場合、「りんご」＝「甘い」とわかるレベル、甘くないりんごもあ
るが、そのりんごは甘いということがわかるレベル、直接表現されていないの
に美味しくて喜んでいることがわかるレベルもあります。さらに、この人がこ
ういう表現をする時は、嫌味であって、実際には甘いりんごではないとわかる
というようなレベルもありそうです。「行間を読む」「言外の意味をくみとる」
といった言葉があるように、伝えられていることをもとに、伝えられていない
ことまでも解釈できるレベルなど、さまざまなレベルがあると言えるでしょう。

　また、言葉は、文脈によって意味が変わることがあります。社会や文化によ
っても、意味が変わることがあります。そして、飾り付けたり、絞り込んだり
することによって興味を惹きつけるような魅力的な表現にすることもできます。
送り手にはこうしたことを踏まえて表現を工夫する力が、受け手には工夫され
たものとして表現を読み解く力が求められることになります。目に見えている

情報だけでなく誰がどのような意図をもって発信した情報なのか、目に見えていない別の側面を読み解かなければ読めたことにならないのです。

このリテラシーという言葉は、「文字の読み書き能力」という狭い意味だけでなく、「社会生活に必要とされる能力」という広い意味で使われることがあります。例えば、計算の能力やコンピューターを扱う能力も含む場合があります。また、「社会を生きる上で最低限必要とされる能力」だけでなく「社会を開発していくだけの高度な能力」としても使われる言葉です。社会を開発するために当たり前になってしまっていることにも疑問をもち、隠れた社会の問題に気づき、解決できる能力まで含む場合があります。文字を読み、書くことができるといった単なる識字の能力に限ることなく、社会に参画し、問題を解決し、社会を開発していけることまで含む能力だということを覚えておいてください。

メディアのあり方を考える

では、あらためて「メディア」と「リテラシー」という2つの言葉を組み合わせたメディア・リテラシーの定義について確認しましょう。ここでのメディア・リテラシーとは、「メディアの意味と特性を理解した上で、受け手として情報を読み解き、送り手として情報を表現・発信するとともに、メディアのあり方を考え、行動していくことができる能力[(1)]」と説明しました。

メディアの意味と特性については、この章で説明したことに加え、本書に含まれる各章において、さまざまな角度から説明がなされることになります。「メディアにはこういう特性があるんだな」「だからこう読み解く必要があるのか」「だからこう表現・発信する必要があるのか」と考えて読み進めてください。

この定義の特徴は、「メディアのあり方を考え、行動していくことができる能力」を含んでいる点です。社会的なシステムとしてのメディアは、人が作り上げてきたものです。例えば、テレビ番組には色々なジャンルがありますが、もとからあったわけではありません。技術や制度の枠組みの中で、目的やニーズに応じる形で多様なものが生み出されたと言えます。その際、倫理的に問題があるものが放送されないようにチェックする仕組みづくりの必要性が提案されたり、大人なら問題ないけれど子供に見せたくない番組は深夜に放送するな

ど対象に応じて放送時間帯が工夫されたりするなどの取り組みが行われてきました。その場において何が望ましい表現か、メディアはどのような役割を果たすべきか、ということも正解は1つではなく、緩やかな合意のもとで作り上げられてきました。また、法律としてルールを作る場合もあります。人々が知らず知らずのうちにメディアの構造にのみ込まれ、問題が生じる状況に陥らないようにするためにはどうしたらよいか考えていく必要があります。

　メディア・リテラシーは、人々の対立や人権侵害が生じないように、また、「権力としてのメディア」あるいはそれを悪用しようとする権力が暴走しないように、民主主義の基盤となる能力として求められます。望ましい社会のあり方を考えるためにも、メディアのあり方を考える必要があるのです。序章において、メディア・リテラシーが必要とされてきたのには、いくつか理由があることを説明しました。次節では、その具体的な内容を確認したいと思います。

メディア・リテラシーの必要性

勝手な思い込み

　メディア・リテラシーは、「勝手な思い込みによる混乱や争い、偏見や差別を回避する」ために必要だとする立場があります。メディアは、送り手の意図によって構成されているという特性があります。わかりやすく伝えるためには、相手や目的に応じて取捨選択したり、表現を工夫したりしなければなりません。わかりやすくなる代わりに思い込みが生じるというのは矛盾しているようですが、それもメディアの特性です。例えば、国際的な学力テストの結果で日本が順位を落としたことが伝えられたならば、最近の若者は能力が低いと思い込み、悪く言う大人がいます。順位が下がったことは事実でも能力が低いとは限りません。たまたま他国が頑張ったというだけかもしれませんし、問われている問いの質が変わったことで対応できなくなったということかもしれません。細かな分析が必要なはずですが、メディアは単純化してわかりやすく伝えます。

　その結果、伝えられているイメージの方が現実そのものより強調されて感じ

るということも起こります。メディアによって伝えることができるのは送り手の意図によって切り取られた一面でしかありません。勝手な思い込みをしないようにメディアは現実そのものではなく、構成されたものであることを自覚して受け止める必要があるのです。

権力の暴走

　メディア・リテラシーは、「権力が暴走しないよう監視して民主主義を守る」ために必要だとする立場があります。戦時中に自国が不利な状況であるにもかかわらず、士気を高めることを目的として有利な状況を伝えたというように、国の発表が嘘だったことがあります。このように、権力をもった人が大衆を支配するという仕組みになると、大衆が不利益を被るという問題があります。そのため、知らず知らずのうちに権力がメディアを用いて「権力側にとって都合のよい情報発信をすること」がないように、私たちが監視する必要があります。

　権力者は政治家などに限られたものではありません。メディアを運営している人々が権力となり暴走することを防ぐ必要もあります。また、近年ではインターネット上で個人が行う情報発信の影響力も無視できるものではない時代となっています。さらに、問題を生じさせるのは、悪意をもって他者を支配しようとする人だけではありません。そういった意図がなくても、メディアの持つ構造によって偏見や差別、対立や混乱が生み出されることがあるということにも注意する必要があります。いずれにしても、その暴走に気が付くためにはメディアの特性について理解しておく必要があります。メディアは、便利で人の生活を豊かにしてくれますが、使い方次第では人を不幸にすることがあるのです。

固定観念

　メディア・リテラシーは、「当たり前になっている固定観念に疑問を持つことで人の生きづらさを解消する」ために必要だとする立場があります。メディアが伝えていることは、私たちの現実の認識や価値観に影響を与えています。メディアで取り上げられた典型例、代表例を見ることによって、「○○らしさ」という固定観念が生じることになります。こうした固定観念が、人々を苦しめ

ることがあります。偏見や差別です。ある地域で凶悪事件が多発し、治安が悪いというイメージが固定化することによって、その地域に住む人にも悪い印象を持つということが起こるとするなら、それは問題です。また、その地域に暮らす人でさえ、自分たちに引け目を感じたり、行動を制限したりといったように生きづらさを抱え込んでいくことがあります。こうした抑圧された状況から抜け出すために、メディアの特性を知る必要があるのです。

情報操作

　メディア・リテラシーは、「嘘の情報や情報操作に対してまどわされないようにする」ために必要だとする立場があります。世の中には意図的に嘘の情報を流す人がいます。人々を混乱させることに喜びを感じる愉快犯もいれば、注目を集めアクセス数を高めることで広告収入を得ようとする人もいます。嘘の情報を確実に見抜く方法はないということを理解した上で、不確かな情報を信じ込むことがないようにしなければなりません。また、意図せず世の中を混乱させてしまうこともあるため、注意する必要があります。人を楽しませるつもりの冗談が、人に迷惑をかけることもあります。また、人に迷惑をかけるつもりがなくても、送り手の意図した通り送り手が受け止めてくれず、結果的に情報操作されたと受け止められ、非難されることもあります。自分の感覚では大丈夫だろうと思っても、受け手の価値観やリテラシーのレベルはさまざまだということを意識しておく必要がありそうです。

文化の創造

　メディア・リテラシーは、「新たな文化を創造することで人の心を豊かなものにする」ために必要だとする立場があります。もしもメディアの特性を理解せずに質の低い作品が大量に発信される世の中だとしたら、何が問題になるでしょうか。質の高い情報が埋もれてしまい、探し出すことが難しくなると考えられます。また、相手意識・目的意識のない情報発信は世の中を混乱させることになりますし、配慮に欠ける表現は、人を傷つけたり、不快にさせたりすることになるでしょう。今は以前と比較して気軽に情報発信できる時代になっているため、そうした状況に陥りやすいと言えるでしょう。一方、一人一人がメ

ディア・リテラシーを身につけることによって、豊かな文化が創造されることになると期待できます。読み解けるようになることで作品を楽しんで鑑賞できるようになります。また、人を感動させ、力付けるような素晴らしい作品を作ることができるようにもなるでしょう。

 ## ④ メディア環境の変化を捉える

新しい技術とメディア環境

　さまざまな技術の開発や運営の工夫によって、メディア環境は変化を続けています。例えば、以前であれば、新聞記事やテレビ番組を通じてニュースを知ることが多かったのではないかと思いますが、今では、インターネットで検索したり、ニュースアプリを使って閲覧したりすることもできるようになりました。

　インターネットで入手できるニュースには、新聞のデジタル版やテレビニュースのネット同時送信・再送信などがあります。これらは、新聞社やテレビ局のWebサイトで閲覧できるもので、有料の場合もあります。一方、「Yahoo!ニュース」などのように、新聞社やテレビ局などからニュースを提供してもらって成り立っているWebサイトもあります。あなたが、「インターネットで入手したニュース」だと思っているものの中には、新聞、テレビ、雑誌などから提供されたものが含まれている場合があります。誰が発信している情報なのか、よく確かめてみてもらいたいと思います。

　こうした自社で取材をしていないニュースのサイトは、どの記事をラインナップに並べるかという編集を行うことや、ニュースに関連のある記事にリンクを貼ったり、専門家に解説してもらったり、一般の人にコメントをつけてもらったりということをしています。新聞やテレビのニュースとは異なる機能があるのです。

　誰が何のために発信したものなのか、どのような意図をもってこのような切り取り方がされたのか考えることをしなければ、読み解くことはできません。

しかし、誰が何のために発信したものなのかということが、見えにくくなっています。受け手は、その仕組みを理解して読み解く必要があるのです。

メディアの仕組みを理解して情報を読み解こう

インターネットでは、同じサイトを見ていても表示される情報が人それぞれ異なることがあります。これは、ユーザーの閲覧記録や「いいね」ボタンを押した記録などをAI技術で分析して、ユーザーに役立つ情報を予測して提供しているのです。動画共有サイトやショッピングサイトなどだけでなく、ニュースサイトにおいても、そうした技術が使われているものがあります。

情報があふれる社会ですから、欲しい情報を届けてくれるのは便利な機能です。しかし、その機能によって、フィルターバブルに包まれ、知ることができなくなる情報があることに注意する必要があります。おすすめされた人の情報をフォローしていくことで、関わりをもてたはずの人々とつながる機会を失うこともあるでしょう。インターネットは、これまで関わることがなかったような世界中の人々をつなげ、世界を広げてくれると期待されました。しかし、実際には多様な人々とつながる機会が限定され、社会を分断する構造も生じていると言われています。

仕組みを理解していなければ、自分が見ている情報が世の中で注目されているニュースであると錯覚してしまいます。また、自分と考えが同じ人の情報に囲まれることで、世間の大半が自分の考えと同じ考えをもっているように感じてしまうエコーチェンバー現象が生じます（→12章）。異なる情報源から違う考えを得た人と対立しないように、自分が見ているのは、世の中の一部であると自覚して読み解けるようになりましょう。

深 掘 り メ モ **フィルターバブル**

　フィルターバブルとは、各ユーザーが求める情報を予測して提供するアルゴリズム（仕組み）を持つSNSや検索サイトによって、まるで「泡」のように特定の情報に包まれ、そうでない情報から遮断（フィルタリング）される現象である。このアルゴリズム[(2)]は、個人の行動に関する情報（例えば、検索履歴、アクセス履歴、購買履歴、GPS履歴、誰をフォローしているか、どのような投稿に「いいね」をしたかなど）に基づき個人の趣向を判断して情報を提供する。

参考・引用文献

（1）中橋 雄：『メディア・リテラシー論―ソーシャルメディア時代のメディア教育』北樹出版（2014）
（2）E.パリサー（井口耕二 訳）：『フィルターバブル―インターネットが隠していること』早川書房（2016）

テレビニュース

後藤 心平（ごとう しんぺい）

 テレビニュースを理解するには

　序章の冒頭で説明したように、メディア・リテラシーは、「メディアの意味と特性を理解した上で、受け手として情報を読み解き、送り手として情報を表現・発信するとともに、メディアのあり方を考え、行動していくことができる能力[(1)]」のことを意味します。このことから、メディア・リテラシーの観点で物事を考える過程の最初の段階に「メディア特性の理解」があり、メディアの特性を理解することは、メディア・リテラシーの基礎と言えます。以下の 1 ～ 8 は、世界の国々のメディア・リテラシー教育に影響を与えてきたメディア・リテラシーの基本概念[(2)]です。

---

1. メディアはすべて構成されたものである。
2. メディアは現実を構成する。
3. オーディエンスがメディアから意味を読み取る。
4. メディアは商売と密接な関係にある。
5. メディアはものの考え方（イデオロギー）と価値観を伝えている。
6. メディアは社会的・政治的意味を持つ。
7. メディアの様式と内容は密接に関連している。
8. メディアはそれぞれ独自の芸術様式を持っている。

　ほとんどの項目で、メディアとはいかなるものなのかというメディアの特性を表しており、メディアの特性を理解することの重要性がうかがえます。この

章では、テレビニュースがどのようにして制作、放送されているのかを知ることを通して、テレビというメディアの特性を理解することを目的に学習します。

ニュースとしての価値とは？

　私たちの身の回りでは、毎日あちらこちらでさまざまなことが起きています。「ソメイヨシノが開花して春がやってきた」というような喜ばしい出来事もあれば、「交通事故で人が亡くなった」というような悲しい出来事もあります。私たちは、世の中で起きたこのような出来事をすべて知ることは不可能です。私たちの代わりに情報を収集、選別し、内容を整理してわかりやすく伝える役割を担っているのが、テレビ局や新聞社などの報道機関です。報道機関は、多くの人に知ってもらうべきだと判断した出来事を取材、編集してニュースを制作し、世の中に発信しています。

　放送業界には、取材して放送するかどうかを決める判断基準の前提ともいえる法律や綱領（基本的な方針）があります。放送事業が健全に発達するために必要な法律「放送法」では、「放送が健全な民主主義に資するようにすること」(3)（傍点筆者）と定められています。また、日本放送協会（以下、NHK）と民間放送局が加盟する一般社団法人日本民間放送連盟（民放連）が制定した「放送倫理基本綱領」(4)では、「国民の知る権利に応える」ことや、「社会生活に役立つ情報と健全な娯楽を提供し、国民の生活を豊かにするようつとめる」ことなどを尊重して、遵守するよう定められています。

　実際にニュース番組を制作する報道の現場では、編集責任者であるデスクが中心となって、ニュースとして伝える価値があるかどうかを話し合い、取材するかどうか、放送するかどうかを決めています。ニュースとして伝える価値があるかどうかを判断する基準には、表2-1(5)のように、「新しさ」「人間性」「社会性」「地域性」「記録性」「国際性」が関わっています。「新しさ」と言えば、事件や事故の速報を思い浮かべる人が多いと思います。そのような、まだ多くの人に知られていない新しいことはもちろん、既に知られていることでも新しい視点で伝えることができれば、「新しさ」があると言えます。「人間性」は、人の命が関わることが関係しています。十分な食事ができない人々の貧困問題には人の命が関わります。また、障害を抱えながらも懸命に生きている人につ

表2–1　ニュースの価値判断基準[(5)]

新しさ	Newsというくらいですから、「鮮度」が求められます。事件・事故の速報はもとより、スクープや調査報道で隠されていた事実を発掘した記事も新しいといえるでしょう。また、すでに知られている事実でも、さまざまな角度から掘り下げればニュースとなります。スポーツ紙が読まれるのは、試合結果だけでなく選手の細かい動きや心情を伝えているからです。
人間性	人間の命の問題です。飛行機事故などは死者の数が多いほど大ニュースになります。アフリカの子どもたちの貧困問題、障害を抱えながら前向きに生きる人々のニュースは読者の胸を打ちます。「わたしなら、どうするだろう？」と、読者に考えさせる記事といえるでしょう。
社会性	ここでいう「社会性」は、社会的な影響力があるか、人々が関心を抱くか、そして時代を反映した出来事か、に分解できます。社会的な影響があるかを判断するスタートは記者の「なぜ」という疑問です。飲酒運転による交通事故はこれまでも発生していましたが、報道によって飲酒運転に対する人々の姿勢が厳しくなったのは好例でしょう。
地域性	日本の新聞はおおまかに、全国を発行エリアとする全国紙、複数県にまたがって発行するブロック紙、県内で発行する県紙に分類できます。ここでいう「地域性」は全国紙と県紙で当然変わってきます。台風や降雪など自然現象のニュースは好例です。東京で雪が積もればニュースになります。青森や秋田ではよほどのことでないかぎりニュースになりませんが、稲の生育不良などは東京と比べれば大きなニュースとなるでしょう。
記録性	前日の株価が毎日報道され、選挙結果も確定得票数が必ず掲載されるのが新聞です。また、総理大臣の施政方針演説なども詳報されます。「新聞は歴史書」といわれるように、時代を記録していく新聞の姿勢を示しているのが、「記録性」といえるでしょう。
国際性	文字通り世界の動向を伝える視点のことですが、海外における日本人の消息を伝える側面もあります。地球環境問題に関する報道は国際性に富むといえるでしょうが、読者の関心が高い米・大リーグの日本人選手の活躍を伝えるのも国際ニュースといえるでしょう。

いて伝えることも人の命の尊さを考える上で価値があると判断できるでしょう。事件や事故においても人の命が関わることがあります。「社会性」は、社会的に影響力があること、人々の関心の度合いが高いこと、その時代やその時期においてタイムリーなことなどが該当します。「地域性」は、その地域ならではの出来事です。ただし、東京の報道機関は、全国各地に住む人々に向けてニュースを発信しているため、全国各地で起きた出来事を対象として伝える価値を判断します。「記録性」は、選挙の確定得票数や円相場、株価の値動きなどの数値的な記録のほか、総理大臣の施政方針演説など、時代を記録するという意味の出来事も含まれます。「国際性」は、世界各国の政治や経済、社会の動き、国外で活躍する日本人について、環境問題や疫病の大流行といった世界全体に影響する出来事が含まれます。なお、価値判断基準が複数重なる出来事もあります。アメリカの大リーグで活躍する日本人選手が新記録を達成したという出来事は、「新しさ」「記録性」「国際性」の価値判断基準に合致します。

　取材して放送するかどうかを決めるまでには、以上のようなプロセスがあります。このことから、ニュースは報道機関の意図があって報じられていると言えます。これは、メディア・リテラシーを理解する上での重要なポイントになります。

深掘りメモ　**メディア特性**

活字は、言葉の順序を変えることによって強調したい部分や意味を変えることができる。画像や映像は、切り取り方によって見た人に与える印象を変えることができる。このようなメディアの特性を知ることで、発信者の意図を分析することができる。

放送する順番はどのようにして決まるの？

　ここでは、夕方のニュース番組を例として、どのようにしてニュースを伝える順番を決めているのかを説明します。

　まず、前日の番組放送が終わった時点で、翌日の番組で放送する予定の取材

項目を関係者で共有します。この時点で、暫定的な放送順が決められます。それらの取材項目は、編集責任者であるデスクが中心となって、ニュースの価値判断基準への合致の度合いに加えて、今の世の中にとっての重要さの度合い、人々の関心の度合いなどを考慮して決めます。そして、それらの度合いが高い項目を、番組の序盤で優先して放送するよう順番を決めます。

　その後、各項目の担当となった記者が取材に取り掛かります。取材の過程で、思っていた以上に「ニュースとしての価値が高い」「世の中にとって重要だ」「人々の関心が高い」と考えられる項目が出てくれば、記者はデスクに報告し、検討した上で、前日に暫定的に決めていた放送の順番を変更することもあります。

　さらに、新たに取材すべき出来事が発生した場合は、当初放送予定だった項目と差し替えることも、しばしばあります。例えば、番組放送の開始時間が近づいてきた段階で、住宅密集地で火災が発生したとします。この時に考慮することは、緊急事態という点で「新しさ」、人の命が関わるという点で「人間性」、地域の出来事という点で「地域性」、また、火災が起こりやすい季節だったとすれば、注意喚起という点で「社会性」でしょう。このように、放送する予定になかった出来事でも、ニュースとしての価値判断基準の合致の度合いが、当初放送を予定していた項目を上回れば、予定を変更することになります。

　なお、予定変更により夕方のニュース番組で放送できなかったニュースは、ストックしておいて、その後の番組で放送することになります。ただし、放送するタイミングが先送りされても時節的な点などで違和感なく視聴できる内容かどうかを考慮する必要があります。例えば、「今夜は中秋の名月。どの時間帯に月がよく見えるのか、気象台の人に話を聞いてきました」というニュースがあったとします。ニュースの中で気象台の人が、「今夜、月がよく見える時間帯は午後8時ごろです」と話している内容だったとすれば、午後8時を過ぎてから放送することはしません。このように、編集まで終わっているのに放送されずにお蔵入りとなるニュースもあります。

　以上のようにしてニュースが放送される順番が決められていますが、これらのことを意識してニュース番組を視聴してみると、社会の中では今どのようなことが重要視されているのか、人々の関心が高いのかが見えてきます。

② ニュース番組における事実と意見

ニュース番組とは

　ニュースを放送する番組の種類は、大きく2つに分けられます。1つは、日々の出来事についてのニュースを中心に放送しているニュース番組で、報道番組とも言われます。もう1つは、生活やスポーツ、芸能、社会などの幅広いジャンルの情報を放送する情報番組で、ワイドショー、ワイド番組とも言われます。第1項と第2項では、「ニュース番組における事実と意見」を理解する上で知っておきたい、ニュース番組と情報番組の違いについて学びます。

　ニュース番組では、基本的に第1節で学んだニュースの価値判断基準、「新しさ」「人間性」「社会性」「地域性」「記録性」「国際性」に合致した出来事を取り扱います。記者は、取材した出来事について、単なる情報の羅列にならないよう、ニュースとしての価値に関連した何らかの意図を伝えるために、その事実を再構成します。「何らかの意図」とは、記者が「こう伝わるといいな」と考えたことです。例えば、「酒造りが途絶えていた過疎地域の酒蔵を、観光客が立ち寄れる施設として復活させた若者が、初出荷の日を迎えた」という出来事を取材するとします。ニュースとしての価値は、「新しさ」「社会性」「地域性」の基準に合致しています。ここで、取材した記者が、「地域を盛り上げようと都会から地元に戻ってきた若者の考えや生き方について伝えることを通して、過疎地が抱える課題の解決に向けて一歩前進したということを訴えたい」と考えた場合、それが「意図」になります。もし、この意図を強調するために、ニュース映像の中でこの若者を格好良く登場させたり、視聴者に対してクイズを出題したり、編集で挿入する字幕の色や大きさを派手にしたりといったようなことをした場合、演出の度合いが強くなり、ニュースとしての価値があまり感じられなくなってしまう可能性があります。ニュースの制作においては、基本的にそのような演出はしません。まずは取材で見聞きしてきた出来事を原稿にします。原稿は、必ずしも取材現場で起きた出来事を時系列で書いていくわけではありません。意図が伝わるようにするために、事実を再構成しま

す。その後、原稿に書いた流れに従って、撮影してきた映像、関係者へのインタビュー、必要に応じてCGで制作した図や表などを組み合わせていく編集の作業をします。これら一連の作業の中で意図を伝えるための工夫をします。

情報番組とは

　一方で、情報番組では、視聴者の関心が高い、あるいは興味をひくものを取り扱っており、娯楽性を重視しています。したがって、ニュースを伝える時間はあまり多くありません。ほとんどの情報番組はコーナーで区切られた構成となっており、コーナーごとにテーマがあります。例えば、リポーターがある地域を訪ね、地域に住む人と話したり地域で話題となっているものを紹介したりするコーナー、子育てに関する情報を紹介するコーナー、グルメを紹介するコーナーなどがあります。

　それらのコーナーがどのようにして制作されるのかを、グルメをテーマにしたコーナーを例にして説明します。若い人に人気のボリュームがあって美味しい「から揚げ定食」を提供してくれる店を紹介するとします。制作を担当するディレクターは、このお店が、「若い人に人気」「ボリュームがある」「美味しい」ということを強調できるようにするための効果的な演出を考えます。どんな展開にするのか、リポーターにどんな言葉でリポートさせるのか、どんな映像を撮影するのか、誰にインタビューし、どんな言葉で語ってもらうのかなどを構成台本に描き、それに沿って取材・ロケを行います。演出としては、「若い人に人気」ということを強調するために、客にインタビューする際は若い客を選び、「ボリュームがある」「美味しい」という言葉を引き出すような質問をすることが考えられます。また、「ボリュームがある」ということや「美味しい」ということを映像で強調するために、照明の使い方や撮影技法を工夫するでしょう。これらの工程全体が演出と言えます。また、編集では、強調すべき内容を文字情報や効果音などを使って装飾し、より効果的に強調できるように演出します。

　このように、情報番組そのものはもちろん、情報番組で放送される情報は演出の度合いが強いということになります。一方、ニュースの制作においては、取材した記者の意図が視聴者に伝わるように工夫しますが、工夫の内容によっ

ては演出と捉えられることがあります。そのため、「ニュースは一切演出をしていない」と言い切ることはできないでしょう。また、昨今は、情報番組とニュース番組を組み合わせた番組が多くなっていて、そのような番組では、情報番組として制作した情報なのか、ニュース番組として制作したニュースなのかを区別することが難しくなっています。演出して制作された情報であるにもかかわらず、事実に基づいて制作されたニュースと認識して受け止めてしまう人もいるかもしれないということです。このことは、メディア・リテラシーの観点で重要なことだと言えます。

ニュースへのコメントは事実か意見か

　ニュース番組や情報番組では、一つのニュースが終わったあとに、スタジオで出演者がコメントすることがあります。コメントの内容は出演者の立場によってさまざまです。アナウンサーがコメントするケースの一つに、取材をしてきた記者（出演しているアナウンサー自身が取材をしている場合もあります）が原稿の中で伝えきれなかったことを補足するということがあります。コメントの内容は、記者が取材で見聞きしてきた事実となります。一方で、「子育て世帯に対する支援制度が新たに設けられることになった」というニュースを伝え終えたあと、子育てをしているアナウンサーが、その立場からコメントした場合は意見になります。議論が分かれるような問題に対しては、意見が偏らないよう配慮してコメントすることもあります。

　また、ニュース番組や情報番組では、コメンテーターが出演しているケースが多くあります。コメンテーターには、多岐にわたる分野に関する専門的な知見を有する人もいれば、特定の分野に関する専門的な知見を有する人もいます。専門的な知見を有する人としては、学者やジャーナリスト、その道のプロフェッショナルが該当します。学者であれば、調査、分析した結果に加えて、それを受けて考察したことを踏まえた意見、ジャーナリストであれば、取材、分析した結果を踏まえた意見、その道のプロフェッショナルであれば、経験してきたことを踏まえた意見をコメントしています。

　このほか、番組に出演しているタレントがコメントを求められるケースがあります。多くの場合は、個人的な意見をコメントすることになりますが、中に

は、専門的な知識や経験を交えてコメントすることもあります。

　以上のことから、ニュースに対する出演者のコメントの多くは、そのニュースを伝えるために取材してきた事実ではないことが多いことがわかります。また、ニュースに対してコメントする出演者は、必ずしも、そのニュースに関する専門的な知見を有する人ばかりではありません。視聴者としては、事実と意見を区別して受け止めたり、どのような立場の人がコメントしているのかを認識したりしてニュースを視聴できるようにしたいものです。

　なお、出演者のコメント内容が、倫理的に問題であったり、考えが偏っていたり、ニュースの内容からかけ離れていたり、専門的過ぎて理解しにくかったりしないよう、できる限り放送前に打ち合わせをするようにしています。このようにして、番組として伝えたい意図を持ちながらも、視聴者の気持ちも考え、アナウンサーやコメンテーターの考えも伝え、ニュースに対する意見のバランスを保つことを心がけています。それでも、そのバランスが崩れて問題視されることがあります。視聴者としては、コメントに偏りがないかなどに気づけるメディア・リテラシーを身につけておきたいものです。

報道機関の実態を理解する

　テレビ局をはじめとするマスコミを批判する言葉として、「マスゴミ」が用いられることがあります。この言葉は、「マスコミ」と「ゴミ」を掛け合わせた蔑称です。1980年代中盤以降にマスコミの報道のあり方がたびたび問題となり[6]、それらに対するマスコミ批判の中で「マスゴミ」という表現が使われはじめました。さらに、インターネットが一般に普及した2000年以降は、オンライン上でマスコミ批判の俗語として使われています[7]。

　このような状況においては、私たちは、「マスゴミ」と言われる背景を知った上で適切な批判を行う必要があり、メディア・リテラシーを身につけ、メディアの限界とともにその特質を見極め、マスコミに対して過剰に要求することなく対話をする必要があります[8]。また、ステレオタイプに「マスゴミ」という表現を用いて批判するのではなく、冷静に議論することが求められます[9]。オンライン上を中心に玉石混交の情報が行き交う現代社会においては、報道機関であるマスコミがどのようにして取材、報道しているのか、その実態を正しく理

解することが重要です。

参考・引用文献

(1) 中橋 雄：『メディア・リテラシー論【改訂版】ソーシャルメディア時代のメディア教育』北樹出版（2021）

(2) カナダ・オンタリオ州教育省編（FCT訳）：『メディア・リテラシー マスメディアを読み解く』p.8-11リベルタ出版（1992）

(3) 総務省：放送法（1950）https://www.tele.soumu.go.jp/horei/law_honbun/72490000.html#joubun-toc-span（参照2023-09-02）

(4) 日本放送協会・一般社団法人日本民間放送連盟：「放送倫理基本綱領」（1996）https://www.nhk.or.jp/pr/keiei/rinri/sankou.htm（参照2023-09-02）

(5) 一般社団法人日本新聞協会：「ニュースとはなにか」（1994）、https://nie.jp/newspaper/news/（参照2023-09-02）

(6) 後藤心平、佐藤和紀、齋藤玲、堀田龍也：「高校生のラジオ番組制作体験によるメディア・リテラシー育成プログラムの開発と評価」『教育メディア研究』Vol.23(2)、pp.107-117（2017）

(7) 「牧太郎の大きな声では言えないが…．マスゴミ」．毎日新聞. 2013-08-20, 東京夕刊, p.2

(8) 坂田邦子：「東日本大震災から考えるメディアとサバルタニティ」〈特集〉震災後のメディア研究、ジャーナリズム研究　『マス・コミュニケーション研究』No.82, pp.67-87（2013）

(9) 稲増一憲：『マスメディアとは何か「影響力」の正体』中央公論社（2022）

Chapter
第 **3** 章

統 計

宇治橋 祐之 （うじはし ゆうじ）

統計と統計調査

統計とは

　教科書や資料集で地域ごとの人口や各産業の従事者数などを、ニュースで内閣や政党の支持率などを見ることがあるのではないでしょうか。こうした数字は統計の結果を表したものです。

　統計は「統べる」と「計る」という漢字で組み合わされているとおり、「すべてを集めて計算すること」という意味で、個々の事柄ではなく集団全体の傾向や性質を数量的に明らかにすることです。1人だけの身長や数学のテストの点数だけでは統計になりませんが、クラス全体や高校生全体などの集団のデータを集めると、統計になります。

　統計は対象とする集団や現象を観察・測定することから始まります。観察・測定には、調査や実験、記録データの収集が含まれます。集めたデータを知りたい目的に沿って整理し、平均や指数などを求めて指標として捉えたり、グラフでまとめて表現したりしたものが統計なのです。

　統計はどんな時に役立つのでしょうか。例えば数学のテストの結果の平均がわかると、個人で平均点より高いか低いかがわかるだけでなく、他のクラスと比較してそのクラスにはどのような傾向があるのかがわかります。また過去の同様なテストの結果と比べることもできます。その結果を見ることで教師がこれからどのような授業をしたらよいかを考えることもできます。

　統計は数字で表されるので、誤解がなく伝わると思うかもしれませんが、そ

の数字はいつ、どこで、どのような対象を相手に集められたのか、統計グラフは適切に表現されているかなどを確認しないと、正しく伝わらないこともあります。統計の仕組みをきちんと理解することで、この本の１つ目の柱として示した「勝手な思い込みによる混乱や争い、偏見や差別を回避する」ことができるのです。

統計調査の４つの段階

学校でアンケートをとったり、ランキングを調べたりすることがあるでしょう。これらも統計に含まれますが、特に国や地方公共団体が行う国勢調査や家計調査などを統計調査といい、４つの段階が決められています⁽¹⁾。

１つ目は「調査の企画や設計」です。統計調査を行う際には、何のために行うのかという目的をはっきりさせることが大事です。例えば国が実施している社会生活基本調査⁽²⁾は、仕事や余暇がどれくらいの時間かを調べることで、ワーク・ライフ・バランスの推進や、男女共同参画社会の形成に向けた基礎資料とすることを目指しています。

その上で、調査対象の選び方も大事です。選び方には集団の全員を調査する「全数調査」と調査対象を選ぶ「標本調査」があります。小さい集団であれば全員に調査できますが、大きい集団だと費用も期間もかかります。「標本調査」の場合は、集団全体の縮図となるように調査対象を選ぶことが大切です。例えば、社会生活基本調査では、すべての都道府県を対象とし、人口規模の大小を反映して都道府県ごとに調査地域の数を決め、一定のルールにしたがって調査世帯を選んでいます。

２つ目は「調査の実施」です。統計調査では、統計調査員が調査対象を訪ねて直接配る「調査員調査」と、調査票を郵便によって調査対象に送る「郵送調査」という２つの方法が基本ですが、近年はオンラインによる調査の回答も増えてきています。集められた調査票は点検の上、国が行う調査の場合は、総務省統計局に提出されます。

３つ目は「調査結果の集計」です。調査結果をコンピューターに入力し、データチェックを行います。記入漏れや記入の誤り、つじつまの合わない記入があった場合などは、調査票の記入内容などを改めて確認して必要に応じて訂正

します。こうした作業の後に集計を行い、結果表を作成します。結果表ができあがった後も、数字の間違いがないか検算をしたり、関係する他の表と照らし合わせたり、以前の調査結果や別の統計調査の結果などとも比較して、結果表の確かさを慎重に審査します。

4つ目は「調査結果の公表」です。集計したデータをもとに、例えば高齢者が増えてきているが人口は減ってきているということや、物価が高くなってきて消費活動に元気がなくなってきているというような傾向を読み取り、分析を行います。その上で、国の調査結果の場合は、テレビや新聞で結果の概要などを発表するとともに、統計局のウェブサイトでデータや報告書を公開します。

国や地方公共団体が行う統計調査の方法は、統計法という法律でこうした手順が決められています。民間で行う場合はその対象ではありませんが、調査を行う場合は同様に手順を考える必要があります。また統計調査だけですべてがわかるわけではなく、定性調査という方法もあります。

深 掘 り メ モ　　定量調査と定性調査

調査には数値化できるものとできないものがある。数値化できる調査を定量調査といい、収集されたデータ（量的データ）は統計学的に分析ができる。それに対して定性調査は、自由記述やインタビューなど（質的データ）で表され、対象者の気持ちや状況はわかるが、統計的な分析は難しい。ただし近年テキストマイニングという手法を使って、文章をコンピューターで分析することも可能になってきた。

（2）統計グラフの表し方の特徴

量の比較は棒グラフ、割合は円グラフ

統計調査では、データを集めて集計しただけでは、そこから何が読み取れるかが必ずしも明らかではありません。集めたデータを目的に合わせて整理し、

グラフ化することが必要です。グラフにはさまざまな種類があり、それぞれ特徴があります。グラフの特徴を知っておくことは、グラフを読み取る時に役立つだけでなく、自分たちでグラフを作って発表する時にも役立ちます。

ここからはメディアで紹介される時などによく使われる5種類のグラフの特徴を見ていきます。グラフの違いをわかりやすくするために、架空のコンビニで4月のある日に、表3-1のようにおにぎりの売上があったとします。

表3-1　あるコンビニの4月のある日のおにぎりの売上個数

種類	売上個数
鮭	150
ツナマヨネーズ	110
辛子明太子	85
梅	80
その他	75

まず棒グラフにしてみます（図3-1）。棒グラフは棒の高さで、量の大小を比較できるのが特徴です。このグラフからは、鮭が一番売れていて、次にツナマヨネーズが多いことがわかります。ただし、売上の割合はわかりません。

図3-1
おにぎりの売上個数(棒グラフ)

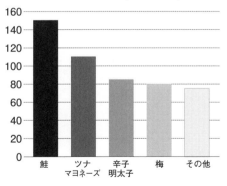

図3-2
おにぎりの売上個数(円グラフ)

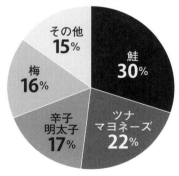

そこで全体の中での構成比を表したい場合は円グラフを使います（図3-2）。円グラフを使うと、一番売れている鮭が全体の3割くらいであることや、鮭とツナマヨネーズを合わせると全体の5割を超えていることなどがわかります。

なお棒グラフや円グラフはデータの多い順に並べられていることが多いです

が、そうでない場合は読み取る際に注意が必要です。また通常はその他の項目を最後にします。

量の変化は折れ線グラフ、量の比較は積み上げ棒グラフ、割合の比較は帯グラフ

図3-3　おにぎりの売上個数（折れ線グラフ）

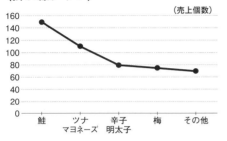

図3-4　鮭おにぎりの売上個数推移（折れ線グラフ）

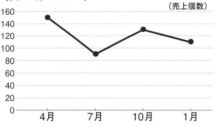

図3-5　鮭おにぎりとツナマヨネーズおにぎりの売上個数推移（折れ線グラフ）

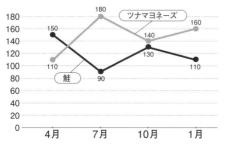

図3-3は、同じデータを折れ線グラフにしたものです。これだと線でつないだ意味がよくわかりませんね。

そこで鮭だけに注目して、4月、7月、10月、1月のある日の売上個数という新たなデータを加えてグラフを作ってみます（図3-4）。こうすると一番売れたのは4月ですが、季節によって売上個数が違うことが読み取れます。

さらに同じ時期のツナマヨネーズの売上個数をグラフに加えたのが図3-5です。

このグラフからは、鮭と違ってツナマヨネーズは7月に売上個数が増えていることや、4月は鮭の方が売れていたけれど、それ以外の時期はツナマヨネーズの方が売れていたことなど、棒グラフや円グラフでは表現できなかったことが読み取れます。このように折れ線グラフは横軸に時間軸を置くことで、量が増えているか減っているかという変化の様子や、複数の項目の変化の様子を比べるのに向いています。

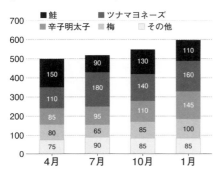

図3-6　おにぎりの売上個数推移
（積み上げ棒グラフ）

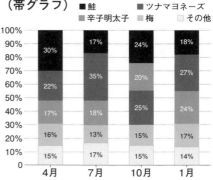

図3-7　おにぎりの売上個数推移
（帯グラフ）

　時期による変化を、違うグラフで見てみましょう。図3-6は積み上げ棒グラフといいます。1本の棒に複数のデータを積み上げて表示しています。月ごとに見てみると、1月に一番売上個数が多いことがわかります。またそれぞれの月ごとに、どのおにぎりがよく売れたかを読み取ることもできます。けれども例えば4月と1月を比べた時に、鮭以外はすべて増えていることはわかるのですが、おにぎり全体の中での割合の変化はわかりません。

　そこで、縦軸をパーセントにして、それぞれの月ごとの割合がわかるようにしたのが、図3-7の帯グラフになります。積み上げ棒グラフとあわせてみると、梅とその他のおにぎりは売れた量は増えたけれども全体の中で占める割合はあまり変わらないことや、ツナマヨネーズと辛子明太子は、量も増えたし割合も増えたことがわかります。

　このように同じデータを使ってもどのグラフを選ぶかによって、伝わる情報が異なります。グラフを見る際には、なぜこのグラフが使われているのか、グラフを選択した人の意図は何かを考えてみるとよいでしょう。また、自分がグラフを作る際には、伝えたい情報が表現できるグラフを選ぶことが大事です。エクセルやGoogleスプレッドシートなどの表計算ソフトでは、データをもとにさまざまな種類のグラフを簡単に作れます。総務省が公開している統計ダッシュボードのデータなどを分析してみるのもよいでしょう。また、ふだんのニュースなどで見ることは少ないかもしれませんが、ヒストグラム、散布図、箱ひげ図なども作れるので、さまざまなグラフで表してみてください。

③ グラフの意図を読み解き表現する

調査概要の確認

　グラフを読み解く時には、グラフの種類や表し方だけでなく注意して見ておくポイントがあります。まず調査の結果とあわせて示されている調査概要の内容から見ていきます。

●表題

　調査のテーマや目的を示しています。テーマや目的によって調べる対象や方法などが異なるので確認が必要です。また表題に知らない言葉がある場合は、その言葉の定義を確認しましょう。

●調査実施主体や出典

　データの根拠を示しています。調査を行った団体が発表している場合は、それが国や地方公共団体なのか、民間企業なのかを見てみましょう。その上で、統計調査の４つの段階のような手順が示されているかも見ておくとよいでしょう。また調査を行った団体ではなく、テレビや新聞、雑誌などのメディアが調査結果を報じている場合は、調査の一部だけを紹介していることもあるので、必要に応じて元の調査結果を確認してみましょう。さらにソーシャルメディア

で紹介されている場合は、そもそもの出典が示されているかにも注意が必要です。

●調査方法

　国が行う「調査員調査」と「郵送調査」は既に紹介しましたが、このほかに「電話調査」や「インターネット調査」があります。電話調査ではRDD方式がよく使われます。RDDは「ランダム・デジット・ダイヤリング（Random Digit Dialing）」の略です。コンピューターで電話番号をランダムに発生させ、その番号に電話をかけて調査する方法です。この方式だと、電話帳に番号を掲載していない人にも調査を依頼することができます。また、最近は固定電話だけでなく、携帯電話での調査も行われています。ただし、固定電話であれば市外局番から地域がわかりますが、携帯電話だとわからない点や、携帯電話だけしか持っていない世代が増えている点など、データが偏ってしまう可能性があります。「インターネット調査」も同様に、インターネットで調査に回答できる人だけに限られてしまいます。

●調査時期

　調査時期が調査目的に合っているかの確認が必要です。例えばアイスクリームの売上を調べるのに調査時期が冬だったらどうでしょうか。また調査結果は最新のものかの確認も必要です。継続的に行われている調査では調査年度を確認することや、過去のデータと比較してみることも大事です。

●調査対象と人数

　調査のテーマや目的によって必要な調査対象や人数は異なります。目的と対象が一致しているかを意識してみましょう。また対象者の選び方も重要です。標本調査の場合、元になる母集団からどのように抽出しているかを確認してみましょう。調査対象は多い方がよいと思うかもしれませんが、それよりも選ぶ方法が重要です。また調査結果には誤差がある可能性があります。その誤差は対象となる標本数によって異なります。

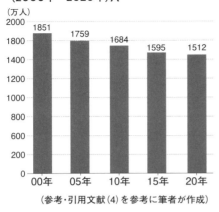

図3-8　日本の15歳未満の人口
（2000年〜2020年）A

（万人）

（参考・引用文献（4）を参考に筆者が作成）

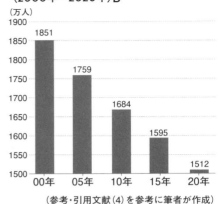

図3-9　日本の15歳未満の人口
（2000年〜2020年）B

（万人）

（参考・引用文献（4）を参考に筆者が作成）

グラフの目盛りや選択肢の数などの確認

　ここからはさまざまなグラフに共通する確認すべきポイントです。細かな部分にも注意しながら、自分で読み解く力をつけることが大切です。

●目盛りの単位

　人数などの「実数」か、パーセントなどの「割合」かなどの目盛りの単位を確認しましょう。グラフによっては棒グラフと折れ線グラフを組み合わせて、2つの目盛りがある場合もあるので注意が必要です。

●目盛りの範囲

　0の位置と時間軸をよく見て、どうしてこういう表し方をしているかを考えてみましょう。例えば図3-8と図3-9は両方とも、2000年から2020年の日本の15歳未満の人口の変化を表しています。図3-8だけを見ると、子どもの数は減っているといっても減り方は緩やかに思うかもしれません。けれども図3-9を見ると急激に減っているように見えますよね。これは図3-9のグラフでは縦軸を1,500万人から始めているからです。グラフによっては0から始まらなかったり、途中を波線などで省略したりしているグラフもあります。グラ

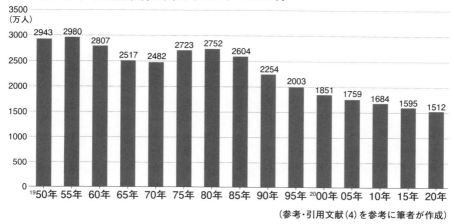

図3-10　日本の15歳未満の人口（1950年〜2020年）

（参考・引用文献（4）を参考に筆者が作成）

フの作成者はわかりやすく見せるために目盛りを省略していることもあること
を意識した上で読み取ることが大事です。

　さらに横軸が時間軸の場合には期間も見ておきましょう。図3-10は1950
年からの日本の15歳未満の人口の変化を示しています。このグラフを見ると、
1950年代には3,000万人近くいた15歳未満の人口が、2020年には半分くらいま
で減っていることがわかるでしょう。期間が示されている場合は、どうしてこ
の期間を選んでグラフ化しているのかも考えてみてください。

　このほかにグラフに示されている選択肢の数や聞き方にも注意が必要です。
選択式の場合、4件法と5件法という回答形式があります。4件法は「1.と
ても当てはまる」「2.やや当てはまる」「3.あまり当てはまらない」「4.全く当
てはまらない」、5件法はそこに「どちらともいえない」という中立的な選択
肢を加えたものです。4件法はポジティブかネガティブかがはっきりするので、
傾向をつかみやすいというメリットがあります。ただし中立的な意見が把握で
きなくなるのがデメリットです。逆に5件法は中立的な意見の人の数は把握で
きますが、中立的な意見が過半数を超えた場合など、解釈が難しくなる場合が
あります。国の施策に関する調査などで、どのような選択肢が使われているか、
5件法の場合に「どちらともいえない」の回答者がどのくらいいるか、それは
なぜなのかを考えてみるのもよいでしょう。

また、グラフの結果を分析した文章を読む場合には、本当にそのグラフから言えることかどうかということも考えてみましょう。その際に「相関関係」と「因果関係」という言葉を理解しておくことが大事です。相関関係は２つのデータの片方が大きくなるともう片方も大きくなっているというような関係です。例えば「読書量」と「漢字テスト」の関係を調べて、読書量が多いと漢字テストも高得点ということがわかった場合、相関関係があるといえます。

　「因果関係」は、一方が原因で一方が結果になるという関係です。先ほどの例でいうと、本をたくさん読んでいる人は、それだけ漢字に接する時間が長いと考えられるので、因果関係があるといえるでしょう。原因は読書で、結果が漢字テストです。ではその逆はどうでしょうか。漢字テストの点数があがると読書量は増えるでしょうか。難しい漢字を覚えると本を読みやすくなるので読書量が増える可能性がないとはいえませんが、はっきりしませんよね。グラフを読み取る際にはこうした関係が成立するか、因果関係があるように見えているだけか（疑似相関）も意識してみましょう。

深掘りメモ　　疑似相関と第３の変数

　２つの事象に因果関係がないのに、見えない要因（第３の変数）によって因果関係があるかのように推測されることを疑似相関という。古典的な例にアイスクリームと溺死がある。アイスクリームがよく売れる日と溺死者が多い日は重なることが多いので、アイスクリームが溺死の原因か？　というと、そんなことはないだろう。第３の変数として暑さを考えると、暑いからアイスクリームが売れる、暑いから泳ぎに行く人が多くなり溺死者も増えるのだ。このような第３の変数がないかを考えることも重要だ[5]。

わかりやすさと正しさを考える

　ここまで統計と統計グラフについて見てきました。数字自体は誤解がなく伝わるのですが、その数字はほかと比較した場合大きいのか小さいのか、世の中に影響があるのかそうでないのか、といった価値判断を伴う場合は、その統計

を使って伝えようとしている意図を考える必要があります。数字をそのまま受け取るのではなく、その統計の目的や調査方法、集計の仕方、分析の仕方を確認することが大切なのです。

逆に自分たちが統計をもとに何かを伝える時には、見た人へのわかりやすさとあわせて正しさも意識することが大事です。調査概要をきちんと示したり、元になるデータを基にほかの人が検証できたりするように意識してみましょう。

きちんとした統計の結果を基に人々が話し合うことができると、「勝手な思い込みによる混乱や争い、偏見や差別を回避する」ことができるのです。

参考・引用文献
（1）総務省統計局：「なるほど統計学園」https://www.stat.go.jp/naruhodo/index.html（参照2023-11-24）
（2）e-Stat：「社会生活基本調査」https://www.e-stat.go.jp/statistics/00200533（参照2023-11-24）
（3）総務省統計局：「統計ダッシュボード」https://dashboard.e-stat.go.jp/（参照2023-11-24）
（4）総務省統計局：「統計トピックスNo.128 我が国のこどもの数－「こどもの日にちなんで－（『人口推計』から）」
https://www.stat.go.jp/data/jinsui/topics/pdf/topics128.pdf（参照2023-11-24）
（5）トム・チヴァース，デイヴィッド・チヴァース（北澤京子訳）：『ニュースの数字をどう読むか─統計にだまされないための22章』筑摩書房（2022）

II

権力が暴走しないよう
監視して民主主義を守る

Chapter
第 **4** 章

新聞

鶴田 利郎（つるた としろう）

① 新聞の特徴と種類

新聞とは

　新聞は、文字や写真で情報を伝えるメディアです。社会面、政治・経済面、スポーツ面、文化・芸術面、地域面、社説やコラムなど、ページごとにテーマが異なります。毎日の暮らしに欠かせないテレビ・ラジオ面や天気予報などの情報も載っています。詳しくは後述しますが、新聞は固有の題号を持ち、有料で連日の発行が通例です。しかし特定の組織の成員向けのもの、週・月刊のもの、印刷物ではなくインターネットで送信されるものなど、実際には新聞のあり方・内容は変化に富んでいます。新聞は放送と並ぶマス・メディアの一つですが、ジャーナリズムと同義に解され、中国語ではニュースの意とされています。日本でも江戸時代末期まで同様の意味で用いられていましたが、その後、固有の印刷物としての新聞紙を指す言葉になりました。(1)

　新聞は一つの出来事やニュースに対して、詳しい情報を得ることが可能です。そのため、興味を持った記事は時間をかけてゆっくり読むことができます。また、欲しい情報だけを素早く得ることもできるように紙面の工夫が構成されています。新聞の紙面は主に見出し、前文（そのニュースのポイントをまとめた文章）、記事（本文）で構成され、印象を残す写真や内容を整理するための図、イラスト、用語解説なども掲載されています。新聞社は最も大事だと思うことを1面で伝えます。(2)

新聞の種類と配達制度

　新聞の種類には、頒布エリアの広さと発行部数の大きさから、全国に拠点を持つ全国紙、その地域で配布されるブロック紙・地方紙、ある分野に特化した専門紙などがあります。全国紙は「朝日新聞」「毎日新聞」「読売新聞」「産経新聞」「日本経済新聞」の５つで、購読者数、販売数が多いため、社会への影響力も大きいことが特徴です。全国紙の次に購読者数の多いのがブロック紙・地方紙です。ブロック紙は、北海道もしくは中部、九州といった複数の都道府県で発行されるもので、「北海道新聞」「中日新聞（東海地方）」「西日本新聞（九州地方）」があります。地方紙は主にその県で発行されている新聞で、「河北新報（宮城県）」「神奈川新聞」「徳島新聞」「福井新聞」などがあります。さらにある分野に特化した専門紙として産業経済紙やスポーツ紙があります。

　地方紙やブロック紙は他メディアとは異なり、戸別配達制度があることも特徴です。このシステムは基本的に、同一地域に配布される各社の発行紙すべてを1か所の販売店が配達する仕組み（共販あるいは共配）ではなく、例えば朝日新聞は朝日新聞だけを販売する販売店に販売拡張と配達とをゆだねる仕組み（専売）です。これは毎日、朝夕に新しい情報が家に届くという画期的なシステムでもあります。もちろん、発行部数の小さな社は全地域に専売店を持つわけにはいかず、競争紙を除く他紙の専売店に販売・配達をゆだねるケースもあります（合売）が、このシステムが人々への情報の伝達をスムーズにし、新聞を巨大メディアに押し上げた一つの要因にもなりました。

表4-1　新聞の発行部数と世帯数の推移

	新聞発行部数（単位：千部）	世帯数（単位：千世帯）	1世帯当たり部数
2015年	44,247	55,364	0.80
2016年	43,276	55,812	0.78
2017年	42,128	56,222	0.75
2018年	39,902	56,614	0.70
2019年	37,811	56,997	0.66
2020年	35,092	57,381	0.61
2021年	33,027	57,849	0.57
2022年	30,847	58,227	0.53

（一般社団法人　日本新聞協会のホームページを参考に筆者が作成）

深掘りメモ　戸別配達制度

日本の新聞は、読者の家庭や職場などに直接配達する戸別配達制度を採用している。この制度によって日本は、世界の中でもトップレベルの発行部数、普及率を維持し、新聞の影響力を大きくする一因となっている。また地域によっては、深夜すぎから始まる新聞配達が地域の治安維持（深夜の防犯、一人暮らしをされている家庭の異変への気づきなど）にも有益と考えられている。

　新聞の普及率は、2000年には1世帯が1.13部で、1割強の世帯が2紙以上を購読していましたが、2015年は0.80部となり、無購読世帯が増えつつあることがわかります（表4-1）。しかしまだ日本は世帯購読として、家族内で複数人が回読する閲読構造が維持されています。購読がもっぱら個人の好みに委ねられ、その個人が新聞離れし、大きな部数減にみまわれている欧米よりは、比較的安定した環境を保っています。こうした安定性も、この戸別配達制度に由来すると考えられています。[1]

② 新聞記事の作られ方

　新聞記事の制作は、まず取材記者が取材をして情報を集めるところから始まります。新聞記者は、ニュースになりそうな記事を求め、事件の起きた現場や警察、記者クラブなどに頻繁に出入りをします。それ以外にも独自に調べていろいろな取材をします。取材で得た情報が本当に正しいかどうか、裏付けとなる証拠を探したり、複数の人に話を聞いたりすることも大切な仕事です。

図4-1　新聞ができるまでの流れ

❶ 情報収集

新聞記者は普段から、さまざまなメディアに触れ、記者クラブや人脈を活かして情報を仕入れ、ニュースになりそうなことを集めます。

❷ 現場で取材

事件が起きたら現場に向かい、記者自身が見たり聞いたりして情報を集めます。事件に関係のありそうな人に話を聞くこともあります。

❸ 原稿を書く

集まった情報をもとに、記者が原稿にまとめます。大きな事件の場合は、複数の記者から情報が集まるので、それを一人の記者が原稿にします。

❻ 記事の間違いを正す

校閲という役割の人が、文字や言葉の誤りを正します。内容が間違っていないかどうか、読者が不快になるような言葉が使われていないかなどの確認もします。
以上のチェックを経てレイアウトされた紙面がデータになり、印刷に回ります。

❺ 原稿を整理

整理部の記者が読者の立場に立って原稿を読み、おかしなところがあれば直します。記事の見出しをつけ、写真を選んで、紙面のレイアウトを考えます。

❹ デスクがチェック

原稿をデスクが確認します。事実があいまいな原稿や、記者の勝手な思い込みで書いた原稿などを記事にするわけにはいかないので、厳しいチェックが入ります。

（参考・引用文献(2)を参考に筆者が作成）

取材が終わったら原稿を書きます。書いた原稿は「デスク」と呼ばれる記者の上司にあたるポジションの人がチェックをします。事実関係の間違いはないか、伝えたいことが明確かなどの確認がされます。原稿が完成したら、整理部が紙面のレイアウトを組みます。縦書きの新聞は右から左、上から下に向かって読まれるため、最初に目が行きやすい右上に、いちばん伝えたい見出しや写真を大きく配置します。記事の内容が最も伝わる写真を選び、どのような内容かがすぐにわかる見出しをつけ、記事の配置を考えます。その後、「校閲」という役割の人が文字や言葉の誤りを正します。そしてレイアウトされた紙面が印刷に回されます。こうして複数の人たちがチェックしながら、新聞が完成します。このように新聞は多くの人が確認しているため、信頼性が高いのです。⁽²⁾

　スマートフォンやパソコンで見ることができるデジタル版の新聞もあります。小さな画面でもレイアウトはそのままで、一つずつの記事を拡大させて読むことができる点や過去の記事を読むことができる点などが特徴です。

③ 通信社の役割と特ダネ競争

通信社の役割

　地方紙は、その地域のことには詳しくても、国会や中央官庁の動きを把握することは簡単ではありません。海外での取材も、なかなかできるものではありません。そこで、カバーできない地域や分野は、通信社の記事を使います。

　全国のブロック紙、地方紙は、資金を出し合って一般社団法人の「共同通信社」を運営しています。また、株式会社の「時事通信社」の記事を購入することもあります。このため、国会や中央官庁の動きが掲載されている一面は、共同通信社の記事ばかり、ということもあります。

　海外にも国際的な通信社がいくつもあります。アメリカの「AP」、イギリスの「ロイター」、フランスの「AFP」などです。日本の通信社もこのような海外の通信社と連携して、記事を相互に交換し、自由に使える仕組みを使っています。

特ダネ競争

　ある地方紙（A紙）に、全国紙にも掲載されてよいはずの記事が出ているのに、ある全国紙（B紙）には一言も触れられていない、ということがあります。両方を読んでいる人の中には、「B紙が取材できないわけがないのに掲載しないのは、相手を見て遠慮したのか、何らかの圧力があったからではないか」と深読みする人がいます。しかしそのような場合の例として、この記事は別の全国紙（C紙）の特ダネ記事で、それを見た共同通信の記者が、慌てて追いかけ取材をし、それをA紙が掲載した、しかしB紙の記者は追いかけなかった（単純に先に出し抜かれてしまった、わざわざ書くまでもないと判断した等の理由で）ということがしばしばあります。

　新聞やテレビは、一斉に同じ情報をつかんで報道していると思っている人が多いので、一部の社だけが報じたり、逆に一部の社だけが報じなかったりすると、その理由を読者は探りたくなるようです。一斉に同じニュースを報道することも多いのでそう思ってしまうのですが、実際には各社が激しい特ダネ競争を繰り広げているのです。その結果、記者の頑張りで特ダネがとれたり、他社に出し抜かれたりしているだけなのです。読者は特定の社が報道しない理由を深読みしたくなるようですが、上記のような理由であることが多いのです。⁽³⁾

 ## 昨今の新聞業界

競争から協調へ

　それまでは販売競争を繰り返しながら部数を伸ばしてきた新聞産業も、20世紀が終わりに近づくと、その環境が徐々に変わってきました。第一に、読者（消費者）の目や企業的採算からみて販売における各社間の過度な競争の弊害が徐々に顕わになってきたため、正常販売に戻る動きが本格化してきたことです。第二に、各社間の協力・援助体制が本格化したことです。きっかけは1995年1月17日の阪神・淡路大震災でした。この時被災した神戸新聞社は、事前に

援助協定を結んでいた京都新聞社に記事原稿を送って印刷し、一日も休まず新聞発行を続けることができました。この例は各社が新聞のあり方を考える契機となりました。以後、近隣の報道各社と災害時の援助協定を結ぶ社が全国に続出、その成果は新潟県中越地震や東日本大震災などで活かされることになりました。第三は、読者への対応です。日本人の高齢化が進むにつれ、読者も老齢化していきます。新聞社は、戦前は記事量を増やすため、できるだけ活字サイズを縮小化する道をたどってきましたが、戦後は1段15字、1ページ15段制で定着していました。しかし目の健康と高齢者への配慮を理由に1981年、朝日新聞が文字拡大に踏み切ると、その動きはたちまち各社に広がり、読者の支持を得て今日に至っています。[1]

報道と人権をめぐる読者の声を活かした委員会の設置

　読者への対応では、意見・苦情処理もあります。きっかけは朝日新聞の「サンゴの傷捏造事件」（1989年4月20日夕刊）です。記者がサンゴに傷をつけて写真を撮った、という取材倫理の問題とともに、地元の抗議に対する社内の対処の仕方を問われたこの事件で、朝日新聞社は社内に紙面委員会、外部委員を加えた紙面審議会、読者に対応する読者広報室を設け、再発防止に乗り出しました。以後このような組織は各社に広がり、2000年代に入ると「『開かれた新聞』委員会（毎日新聞）」、「報道と人権委員会（朝日新聞）」など、報道と人権をめぐる読者の声を活かした委員会が各社に設置されるようになりました。[1]

調査報道

　各社が独自に取材・調査をして報道する調査報道といわれる取材の手法も、編集面で注目されました。1988年、リクルートが子会社の未公開株を政界はじめ各界の要人に譲渡していたという事実が、朝日新聞横浜支局記者の粘り強い取材により明るみに出たことから、「政治家と金」を巡り、日本の政界を揺るがす大事件に発展しました。このリクルート事件をきっかけに、日本でも調査報道がキャンペーン報道（ある事実、ある意見に重点をおいた内容を一定期間継続的・集中的に報道し、そのことによってある主張を伝播・浸透させる報道）などと共に新聞界の主要な言論・表現活動となりました。端緒をつかん

でから第1報まで3年かかった高知新聞の「黒い陽炎 県闇融資究明の記録」(かげろう)
(2001) や、北海道新聞の「北海道警察の裏金疑惑追及」(2003〜2004) など、
いずれも厚い権力機構の組織犯罪に挑んだ調査報道の成果とされています。[1]た
だし近年では、インターネットの普及によって記者は従来の紙面の記事のみな
らず、ウェブサイトだけに掲載される速報記事をも担当しなければならなくな
り、デスクも合わせて一人当たりの仕事量が増え、独自でつかんだスクープを
時間をかけて掘り下げるこの調査報道がしにくくなっています。[5]

 ## 5 新聞を読むポイント

「4つのギモン」を意識してみよう

　ジャーナリストで、元テレビ局キャスターの下村健一氏は情報を的確に受け
取るためのポイントとして「4つのギモン」を示しています。[6]本章で取り上げ
た新聞を読む際にも参考になるので、ぜひ意識してみましょう。

ギモン1　まだわからないよね？　結論を即断するな

　何か初耳の情報を聞いて「なるほど」と思った時、安易にその情報を信じて
しまうことはないでしょうか。新聞を読んでいると「この事件、あの人が怪し
そうだな」と思うことがあるでしょう。そのような時、私たちは「あの人が怪
しい！」と即断してしまうことがあります。しかし、本当にその人が怪しいか
どうかはわかりません。他の情報にあたったり、続報に耳を傾けていくと、そ
の人は怪しくないかもしれない、ということになるかもしれません。早々と自
分の中で判断を確定させ、以後の情報に耳を貸さないという姿勢を持たないよ
う気をつけましょう。続報に接するたびに柔軟に修正することが大切です。

ギモン2　事実かな？　意見・印象かな？　ゴッチャにして鵜呑みにするな

　ギモン1の「まだわからないよね？」と判断を保留した情報で、最初に見る
べきポイントです。それは、「どれが事実かな？」「どこが意見・印象かな？」

という仕分け作業です。新聞で得られる情報には「事実」として記述されている部分と、その記事を書いた人の「意見・印象」が記述されている部分があります。その両者が混在したままでは、正確な判断はできません。新聞を読みながら「これは事実だな」とか「これは記者さんの意見・印象だな」と意識して読むことを心がけてみましょう。そのようにしていくと、新聞で書かれている記事の中からしっかりと「事実」を見つけ、「意見・印象」によって「あの人が怪しそう」というような印象を持たされないようになります。

ギモン３　他の見え方もないかな？　１つの見方に偏るな

　受け取った情報を１つの見方だけせずに、故意に順序、立場、重心などを変えて見直してみましょう。すると同じ出来事が、まったく違う姿で見えてくることがあります。新聞は１つの情報について、１つの視点からしか情報を流すことができません。Ａの視点では、Ｂの視点では、Ｃの視点では……としていては、多くの情報を記載することができなくなってしまいます。もし新しい技術について、そのよいところがまとめられている記事であれば、「その技術の短所」といった視点で考えてみましょう。何かの政策の是非を問う記事で、新聞社が「是」の立場から論じていたら、「非」の立場から考えてみましょう。すると１つ１つの記事を鵜呑みにすることなく、さまざまな視点や立場から見ることができるようになります。

ギモン４　隠れているものはないかな？　スポットライトの周囲を見よ

　ギモン２と３は、ある情報を「事実か意見・印象か」と仕分けしたり、見方を変えてみたりと、どちらもその情報自体をよく見る作業でした。ここでは、その情報の外側に目を向けてみます。下村氏は東日本大震災で助からなかった人をスポットライトとし、助かった人をスポットライトの周囲とする例を挙げ、スポットライトに注目すれば、2011年３月11日は「大自然の猛威に叩きのめされた日」になるが、その周囲にも注目すれば「大自然の猛威に立ち向かい助け合った日」という別の見え方もできると述べています。ある病気流行の記事でも、病気にかかった人（スポットライト）が当然注目されますが、かかっていない人（スポットライトの周囲）に注目すると、かからなかった人の特徴を

考えるきっかけになるかもしれません。もともと新聞に記載されるような記事は普段とは違うこと（スポットライト）を伝えるのが役割なので、ついそこだけに注目してしまいがちです。その周囲にも注目するようになると、また違った見え方ができるかもしれません。

またジャーナリストで、立正大学教授の徳山喜雄氏は、新聞の嘘を見抜く読み方として、「強いトーンの見出し」「断定調の報道で誘導してくる点」「匿名報道に慣らされている点」などに気をつける必要があることを指摘しています[7]。新聞の情報の伝え方の特性を理解し、正しく情報を受け止める力を身につけていきましょう。

新聞を読み比べてみよう

同じ日の朝刊を複数紙読み比べてみましょう。新聞社によって、また全国紙と地方紙によって、1面で扱う話題が異なることがあります。読者が違えば、何を一番知りたがっているか、ということに対する判断も変わってくるからです。また同じ話題を扱ったとしても、新聞社や記者の考え方、視点などによって伝え方が変わることもあります。

また全国紙でも、同じ1日の新聞の内容はすべてが同一ではありません。朝刊を例にとると、頒布地域を通じて同じ紙面は、学芸面（文化面）くらいとされています。ラジオ・テレビ欄もほぼ同様ですが、地方局独自の番組表や解説は、頒布地域に応じて差し替えられます。地元ニュースを収容する地方版も頒布地域ごとに記事内容が切り替えられますが、それも県南版・県北版など、細かく切り分けた地域版が併設されています[1]。

したがって、できるだけさまざまな新聞を読み比べてみて、伝え方の違いを知ることが大切です。学校や地域の図書館を活用すれば、新聞記事の読み比べができます。そして世の中にはいろいろな見方があることを感じてください。

読み比べをする中で、同じ内容を扱っている記事なのに、それぞれの新聞が異なる意見を言っている場合、どの新聞社の意見に賛同しますか？　もしそこまで考えることができるようになっていたら、メディア・リテラシーの力がついているということになります。書かれている記事の内容は正しいのか、別の見方があるのではないか、といったことを考えながら、どの新聞社に賛同する

かを決めることができるようになってきているからです。このようにして、世の中にはいろいろな見方があると知ることがとても大事なのです。

　さらに、本当に正しいことは何なのかを考えるため、インターネットやテレビのニュースなどの他のメディアを見たり、図書館で本を借りて調べたり、身近な先生に聞いたりすることも有効です。そういう習慣が身につくことで、あなたのメディア・リテラシーもより磨かれていくでしょう[2]。

参考・引用文献
（1）「日本大百科全書」 https://japanknowledge.com/lib/display/?lid=1001000123057（参照2023-09-20）
（2）池上彰監修：『池上彰さんと学ぶみんなのメディア・リテラシー　①メディアの役割とその仕組み』学研教育出版（2015）
（3）池上彰：『池上彰のメディア・リテラシー入門』オクムラ書店（2008）
（4）南博監修：『マス・コミュニケーション事典』學藝書林（1971）
（5）津田大介：『情報戦争を生き抜く　武器としてのメディアリテラシー』朝日新聞出版（2018）
（6）下村健一：『10代からの情報キャッチボール入門　使えるメディア・リテラシー』岩波書店（2015）
（7）徳山喜雄：『新聞の嘘を見抜く　「ポスト真実」時代のメディア・リテラシー』平凡社（2017）

動画投稿サイト

村井 明日香 (むらい あすか)

 ①　**動画投稿サイトとは**

動画投稿サイトのメディア特性

　みなさんは、インターネット上の動画を見たことがありますか？　インターネット上の動画配信には、さまざまなサービスがあります。例えば、民放テレビ局の番組を配信するTVer、NHKが運営するNHKプラスなど、放送局が配信する動画サイトのほか、Netflix、Amazonプライム・ビデオなど、インターネットでの動画配信を専門とする企業のサービスも多数あります。これらは、プロが制作する動画コンテンツを配信するサービスです。それに対して、YouTube、TikTok、ニコニコ動画など、利用者が誰でも動画の投稿ができるサービスもあります。ここでは、こうした誰でも動画の投稿ができるサービスを「動画投稿サイト」と呼びます。

　動画投稿サイトの先駆けとなったYouTubeは、2005年、アメリカのIT企業で働いていた3人の若者によって作られました。サービス開始の翌年（2006年）、Google社が16億5,000万ドル（約2,000億円）という高額でYouTubeを買収し、以降、Google社が運営しています。YouTubeが誕生する前は、掲示板やブログ等を使って、文章や写真で誰でも情報発信ができましたが、動画で手軽に情報発信をするサービスはほとんどありませんでした。YouTubeがサービスを開始したことで誰でも、動画で手軽に情報発信できるようになったのです。

　動画投稿サイトでは、無数のチャンネルが作られ、多種多様な動画が投稿されています。一般の個人が発信した動画もあれば、企業が宣伝のために作った

動画、既存のテレビ番組を編集した動画、ミュージックビデオ、映画の予告などさまざまです。最近は、タレントや有名人が自分自身で発信している動画も増えています。これまでテレビなどで活躍してきたタレントにとっては、YouTubeは、長い時間が使えて、他人によって編集されず、自分の思いを直接伝えられるといったメリットがあるのです。

YouTubeに投稿された動画がきっかけになって急に人気が出るタレントがいたり、商品が売れるようになったり、ある地域の観光客が増えるようになったりすることもあり、動画での情報発信が持つ力に注目が集まっています。

YouTubeの収益構造

YouTubeは、動画を投稿することも、閲覧することも、基本的には無料でできます。YouTubeの運営費用の多くは、広告収入で賄われています。YouTubeは、見たい動画をクリックすると、冒頭や動画の途中で広告が流れてくることがあります。広告を出している企業等がYouTubeを運営しているGoogle社に広告費を払っていて、それがYouTubeの運営費用になっています。また、YouTubeでは、動画の視聴履歴に基づいたお勧めの動画が表示されます。利用者にとっては、関心のある動画が次々にお勧めとして表示され、便利な仕組みかもしれません。これは、YouTubeを運営するGoogle社にとっては、利用者をより長い時間動画を視聴するように誘導することでより多くの収益を上げる仕組みでもあるのです。

広告を出している企業等がYouTubeを運営しているGoogle社に払う広告費は、一定の基準を満たした動画制作者（以下、クリエイター）にも支払われます。YouTubeで人気となったクリエイターの一部は「YouTuber（ユーチューバー）」とも呼ばれ、自身が投稿した動画で流れる広告費で生計を立てている人もいます。YouTuberは、小学生のなりたい職業に関する調査でも1位になる人気の職業です。近年は、YouTuberをマネジメントする会社も存在します。マネジメント会社は、YouTuberが得る広告収入の何割かを受け取り、YouTuberの営業活動や事務作業などの業務を行っています。

しかし、YouTuberとして生計を立てるのは、ハードルがかなり高いのが現実です。デジタルメディアの研究をしている佐々木裕一ほかの、YouTuber

マネジメント会社UUUMの決算データを基にした試算によれば、1か月におよそ30万円を得るためには、自分が投稿した動画が1か月に約100万回再生される必要があります。100万回再生されるためには、3日に1回動画を更新して、かつ最新動画がおおむね1万7,000回再生される必要があり、そのためには、チャンネル登録者が2万〜10万人必要です。プロのYouTuberとして生活していくのはとても大変で、ごく一部の人だけがなれる職業なのです。

② 知っておきたい 動画の情報発信のルール

　プロのYouTuberを目指すのはハードルが高いかもしれませんが、動画は人を動かす大きな力を持っています。しかも動画の撮影や投稿は、スマートフォン1台があれば簡単にできるようになりました。この動画を使って上手に情報発信をするための力をつけることも重要でしょう。ここからは、動画の撮影・発信において知っておきたいルールについて説明します。

撮影場所の許可は必要？

　まず、撮影をする際に気をつけなければいけないことを2点説明します。

　1つ目が、撮影場所の許可が必要な場合についてです。お店、博物館、会社内など、誰かが管理や運営をしている場所で撮影する場合は、許可を得る必要がある場合があります。お店や博物館などは、撮影に関するルールを決めている場合が多く、貼り紙などで示している場合もあります。まずはそのルールを確認してから撮影をするのがいいでしょう。

映り込んでしまう人はどうする？

　次は映る人の肖像権の問題です。すべての人には肖像権があります。肖像権とは、「みずからの容貌をみだりに写真やビデオに撮られたり、撮った写真やビデオを利用されたり公表されたりしないことを求める権利」です。日本では法律で明文化されていず、1969年に最高裁で、憲法13条の幸福追求権を根拠に「何人も、その承諾なしに、みだりにその容貌・容態を撮影されない自由を

有する」という判決が出たことがあり、肖像権が法的に認められました。

　人が映っても肖像権の侵害にならないのは、1）映っている人の同意がある場合、2）知り合いが見ても判別できない場合、などです。

　動画の撮影や投稿においてこの肖像権に関して気をつけなければいけないケースを、ここでは2つ説明します。

　1つ目は、友人など知人が一緒に映っている動画を投稿する場合です。その場合、映っている人の許可を得ないで動画を投稿すると、肖像権の侵害になる可能性があります。本人の許可をとるか、もしくはモザイク処理等をして誰かが判別できないようにするのがいいでしょう。

　2つ目は、街で撮影する時などに、通りかかった人が映った動画を投稿する場合です。

　前述の通り、人が映っても肖像権にならないのは、1）映っている人の同意がある場合、2）知り合いが見ても判別できない場合、などです。そのため、まずは映っている人に許可を得ることが必要です。しかし、例えば通りがかりの人など、許可を得るのが難しい人もいるかと思います。その場合は、その人の知り合いが見てもわからないように撮るのであれば、肖像権の侵害になりません。遠くから撮ったり、後ろ姿を撮ったり、あるいは、編集の時にモザイクをかけたりすることでわからないようにできることもあるかと思います。

　ただし、実はその人が判別できるように映っていても、法律の専門家の見解では肖像権の侵害にならない可能性が高いケースがあります。それは、撮影した映像の一部に、たまたま特定の個人が映り込んだ場合や、不特定多数の人の姿を全体的に撮影した場合です。例えば、図5-1の写真のように街を歩いている人たちの一人としてたまたま映った場合は、顔が判別できるような動画を投稿したとしても、肖像権の侵害にならない可能性が高いというのが専門家の見解です。[4]

図5-1　不特定多数の人が映る動画の一例

しかし注意が必要なのは、肖像権というのは人によって受け止め方が異なる場合があることです。例えば街を歩いている人たちの一人としてたまたま映った場合でも、肖像権の侵害を受けたと考える人もいるかもしれません。すなわち、法律上は問題なかったとしても、クレームが来たり、トラブルが起こったりする可能性がないとは言えません。トラブルを回避するために、図5-1のように顔がわからないようにするという対応をするというのが賢明かもしれません。また、本人が見つけて「削除してほしい」と申し出てくる場合は、削除するのがよいでしょう。ただし、肖像権に関して共通の理解がない今、肖像権に関するルール作りを考えていくことも必要でしょう。

深掘りメモ　　肖像権

本来、個人は自己に関する情報をみだりに収集・取得され、みだりに利用されたり公開されたりしないプライバシーの権利があり、肖像権はその一つとされる。著名人は肖像の営利的利用の権利も持っているとされ、これはパブリシティーの権利と呼ばれる。(3)

個人情報の特定に要注意

　個人情報とは、ここでは、個人情報保護法における定義に基づき、「個人が識別される情報」を指します。具体的には、生存する個人に関する情報で、氏名、生年月日、住所、顔写真など、特定の個人を識別できる情報を指します。個人情報には、他の情報と容易に照合することができ、それにより特定の個人を識別することができる情報も含まれます。例えば、生年月日や電話番号などは、それ単体では特定の個人を識別できないような情報ですが、氏名などと組み合わせることで特定の個人を識別できるため、個人情報に該当する場合があります。(5)動画の発信において個人情報にあたるものを意図的に公表しないだけでなく、個人情報が特定されるものが動画に映り込んでいないかを確認することも必要です。

近年は、スマートフォンで撮影した動画も非常に画質がよくなっています。そのため拡大して見ると、個人情報がわかってしまう動画もあります。2019年9月、SNSに投稿されたアイドルの写真の瞳に映った情報から、アイドルの自宅を特定してストーカー行為をした男が逮捕されるという事件が起こりました。瞳に映った映像を地図情報サイトGoogle のストリートビューと照合して最寄りの駅を特定し、投稿されたほかの動画に映っていたカーテンの位置や自然光の入り方などからマンションのどの階に住んでいるかまで特定したというのです。1つの動画や写真だけでは特定されないことも、複数の情報を組み合わせることで特定が可能になってしまいます。普段使っている路線や駅だけでなく、自宅周辺、電柱、制服、部活動の成績や活動歴などが映っている動画はプライバシーが特定される可能性が高いので注意が必要です。

著作権にも気をつけよう

　もう一つ、注意する必要があるのが著作権です。著作権というのは、作品の著作者に対して法律によって与えられている権利のことです（→14章）。動画を制作する時に、この著作権が関わってくるケースの一つに、動画に音楽を入れるケースがあります。音楽には、歌詞や楽曲などを作った人が持つ著作権があります。著作権の権利の中に、放送やインターネット等で不特定多数の人が視聴できるように流す公衆送信権があります。そのため、著作権を持つ人に許可を得ないで、動画に好きなアーティストの音楽を挿入してインターネット上の動画投稿サイトにアップロードすることは、著作権の公衆送信権の侵害になります。

　多くのアーティストの著作権は、日本音楽著作権協会（JASRAC）で管理されており、この協会に手続きをし、所定の金額を支払ったりする必要があります。それとは別に、いわゆる著作権フリーの音楽もあります。著作権フリーの音楽というのは、動画投稿サイトへの投稿等も含めて規約の範囲内であれば著作者の許可を得なくても使用できる音楽で、著作者がそのように明記している音楽のことです。動画投稿サイトに投稿する動画には、著作権フリーの音楽を使用するという方法もあります。

動画投稿サイトにおける表現の自由

表現の自由と人権侵害

　表現の自由とは、個人が外部に向かってその思想・主張・意思・感情などを表現する自由のことです。日本国憲法の第21条に、「集会、結社及び言論、出版その他一切の表現の自由は、これを保障する」という記述があり、憲法で保障されている権利です。

　インターネットの発達で、誰もが情報を発信できるようになり、また必要な情報をいつでも受信できるようになりました。これによって、表現の自由を実現できる手段は大きく広がったといえます。しかし、今日、表現の自由を乱用して、インターネット上で他人のプライバシーを侵害したり、他人を誹謗中傷したりするなど、さまざまな人権侵害が見られるようになっています。店内で迷惑行為を行った動画を投稿したために威力業務妨害で有罪になったり、悪口を言って名誉毀損で有罪になったりするケースなどもあります。

　情報発信においては、情報を伝える側と伝えられる側の間に対立する権利がある場合が多くあります。例えば、情報を伝える側には表現の自由がありますが、伝えられる側には、肖像権、プライバシーを守る権利、業務を妨害されない権利などがあります。対立する権利に対してどのように折り合いをつけるべきかについては、裁判による判決の結果を知ることも重要ですが、ルール作りや利用者のモラルによって心地よいネット空間を作っていくことも重要です。

心地よいネット空間を守るために

　では、心地よいネット空間を作るために、ルールやモラルによって具体的に何ができるのでしょうか。

　まず、ルールについてです。動画投稿サイトの運営会社は一定のガイドラインに基づいて不適切な動画を削除したり、投稿する際のルールを定めたりしています。例えば、YouTubeのガイドラインでは、「有害または危険な行為」「脅迫や晒し行為」「誤った情報」など見る人を不安にさせたり不快にさせたりす

表現の自由をはじめとする精神的自由は、人間の存在の本質に関わり、民主主義にとって不可欠な権利である。しかし表現の自由は、他の利益と衝突をすることも多い。そのため憲法12条では、憲法は「公共の福祉のためにこれを利用する責任を負ふ」と記されていることから、表現の自由もこの範囲で保障されると考えられている。肖像権侵害、著作権侵害、人権侵害などに権力が介入して表現の自由が制限されると権力の不正を暴くことも難しくなるため、動画投稿サイトでの表現の自由は、利用者同士の意思表示や合意によって形成・維持されるべきと考えられる。

る情報は投稿ができないとされています。アップされた動画はAIがチェックします。AIの判断が難しい動画は、その動画の言語や文化がわかる人が直接確認し、違反があれば削除します。しかし、このようなルールの厳格化は、表現の自由の範囲を狭めてしまう可能性もあります。

　自由な表現の場を維持していくためには利用者自身が、法律における権利、動画投稿サイトのルールを知ることに加えて、情報モラルも重要となります。ルールは、その社会の中での取り決めとして知る必要がある事柄ですが、世の中のあらゆるものに対する態度や行動規範を決めているわけではありません。定められているもの以外のことでも、適正に判断し行動できるような態度がモラルです。

　テレビ番組にはその品質を判断する第三者機関がありますが、動画投稿サイトでは、利用者自身がその役割を果たし、コミュニティーの規範を守っていく必要があるのです。不適切な動画を投稿しないことはもちろん、閲覧した動画の中に不正な動画を見つけた場合、運営側に直接報告する仕組みもあります。また、動画に対して高評価や低評価をしたり、意見などをコメントで書き込んだりしてクリエイターに意思を伝えることもできます。肖像権侵害、著作権侵害、人権侵害などに権力が介入して表現の自由が制限されると権力の不正を暴くことも難しくなるため動画投稿サイトでの表現の自由は、利用者同士の意思

表示や合意によって形成・維持されるべきなのです。

　動画投稿サイトにはおもしろい発想や独創的なアイデアを表現する「自由」
がある一方で、悪意のある表現や不適切な動画も混在してしまう難しさがあり
ます。そうした表現に権力が介入して表現の自由が制限されると権力の不正を
暴くことも難しくなってしまいます。そのため、動画投稿サイトでの表現の自
由は、利用者同士の意思表示や合意によって形成され維持されるべきものでも
あるのです。

参考・引用文献

（1）ベネッセ総合研究所：「【小学生がなりたい職業】1位は3年連続『ユーチューバー』」(2022)
https://benesse.jp/juken/202212/20221201-1.html(参照2023-09-14)

（2）佐々木裕一, 山下玲子, 北村智：『スマホでYouTubeにハマるを科学する―アーキテクチャと動画ジャンルの影響力』日本経済新聞出版(2023)

（3）北川高嗣, 西垣通, 吉見俊哉, 須藤修, 浜田純一, 米本昌平編：『情報学辞典』p.433　弘文堂(2002)

（4）梅田康宏, 中川達也：『よくわかるテレビ番組制作の法律相談』角川学芸出版(2008)

（5）内閣府大臣官房政府広報室：「『個人情報保護法』をわかりやすく解説　個人情報の取扱いルールとは？」(2022)
https://www.gov-online.go.jp/useful/article/201703/1.html#secondSection
(参照2023-09-14)

（6）高橋和之, 伊藤眞, 小早川光郎, 能見善久, 山口厚編集代表：『法律学小辞典第5版』p.1115 有斐閣 (2016)

（7）北川高嗣, 西垣通, 吉見俊哉, 須藤修, 浜田純一, 米本昌平編：『情報学辞典』p.781 弘文堂 (2002)

（8）Google：「YouTube のコミュニティ ガイドライン」https://support.google.com/youtube/answer/9288567?hl=ja (参照2023- 09-18)

（9）大橋真也, 森夏節, 立田ルミ ほか：『ひと目でわかる最新情報モラル第2版』日経BP社(2011)

Chapter
第 **6** 章

虚構と現実

中橋 雄 (なかはし ゆう)

メディアが伝える現実

フィクションとノンフィクション

　メディアが伝える内容には、さまざまな目的と形式を持ったジャンルがあります。例としてテレビ番組のことを考えてみたいと思います。テレビ番組には、例えば、ニュース番組、スポーツ番組、情報番組、ドラマ、音楽番組、バラエティー番組、映画、アニメ番組、ドキュメンタリー番組、教育番組など、さまざまなジャンルがあります。この他にもあると思いますし、「ニュース番組のような情報番組」や「ドキュメンタリーのようなバラエティー番組」など、はっきりとした区別がない番組もあります。

　同じテレビ受像機に映し出される映像なのにジャンルが異なることによって、送り手が、「やって良いことと悪いこと」が異なる場合があります。例えば、ドキュメンタリー番組で事実ではない嘘の情報を伝えることは許されていません。ドキュメンタリー番組は、事実に基づいて伝えられるものであり、もし悪意を持って嘘の情報を伝えたならば、テレビ局は社会的な信頼を失うことになります。テレビ局としての活動を続けていくことはできなくなるでしょう。一方、ドラマの多くは想像上のストーリーを楽しむもので、事実に基づくものでなくても問題になりません。むしろ、現実のような世界観を表現しながらも、実際にはありえないような事件が起こる話を楽しむ内容もあります。その場合は、「楽しめるものになるように、本当ではないことを本当らしく見せること」が評価されることになります。

このように、事実に基づく番組と事実ではない番組を区別して受け止めることが必要になります。事実に基づいて作られる作品をノンフィクションと言い、想像で作られた虚構の作品をフィクションと言います。私たちは、誰かと一緒にテレビを見ることでそのことを学んできています。幼い頃に「これは、ドラマだから本当にあったことではないし、真似してはいけない」と大人から教わった人は多いのではないでしょうか。ドラマの前後で「この作品はフィクションです」という注意書きを見たことがある人もいるのではないでしょうか。視聴者が誤解しないように制作者が教えてくれているわけです。

ノンフィクションは現実か？

ここで考えてもらいたいのは、「フィクションは虚構のもので、ノンフィクションは虚構ではなく現実そのもののことだ」と考えてしまってよいかどうか、ということです。「あれ？ さっきそう説明されていなかった？」と思った人は、よく注意してみてください。ノンフィクションは、「事実に基づいて作られた作品」のことであり、現実そのものではありません。ですから、「ノンフィクションは虚構ではなく現実そのもののことだ」というのは間違いです。事実とは現に存在している事柄や状態であり、誰かから誰かにメディアで伝えることができるのは、その現実の中から事実のある側面を切り取ったものでしかありません。一部であっても現実のうちではないかと考えることはできるでしょう。しかし、現実そのものと混同されることがないようにしなければなりません。

例えば、活躍している野球選手を紹介するドキュメンタリー番組の制作者になったつもりで考えてみてください。何を伝えるために、どのような映像素材を集めますか？ 視聴した人が自分の生き方を振り返り、明日からも頑張ろうと思えるように元気づけるドキュメンタリー番組を作るとすれば、活躍している選手の裏側には、苦労を乗り越える努力があったことを紹介するとよいかもしれません。例えば、活躍しているという証拠を示すために最近の成績やファインプレーなどの映像だけでなく、思うように活躍できず苦しんだ時期の映像、そしてそれをどのように乗り越えたのか語る本人のインタビュー映像など、取材すべき対象はいろいろと考えられるでしょう。

これらの一つ一つは事実であっても、その選手のすべてを知ることはできま

せん。伝えることができるのは、伝えたいことを伝えるために選び抜かれた出来事や発言の映像ということになります。その選手が出場した試合や日常生活で起こった出来事をすべて伝えることはできません。これまでに関わったすべての人に登場してもらうこともできないでしょう。

このことは、よく考えれば当たり前のことなのですが、当たり前になりすぎていて、気づかないことがあります。事実に基づいて伝えられているというだけで、その人のすべてとまでは言わなくとも、ある程度は知れたような気持ちになっていることはないでしょうか。しかし、ドキュメンタリー番組で知ることができるのは、その野球選手の一側面に過ぎないのです。

フィクションの持つ影響

フィクションは想像で作られた虚構の作品ですから、人は「作り物だから事実ではない」と認識した上で、それらを楽しむものだと言えます。しかし、事実でないと認識していたとしても、そこで知り得たことや考えたことに影響を受けるということがあります。

テレビドラマのことを例に考えてみましょう。企業に勤める社員である主人公が、上司から嫌がらせのように理不尽な要求を突きつけられるストーリーがあったとします。主人公は、その課題に立ち向かい、仲間と協力して見事に解決していくというような内容です。笑いあり、涙ありで苦難を乗り越えるサクセスストーリーは、視聴者を感動させることでしょう。これだけの設定でも、世の中には理不尽な上下関係やハラスメントといった社会問題があることを知ることができます。また、前向きに仲間と協力して乗り越えることがよいことであるという価値観が含まれていると言えるでしょう。

このように、ドラマの中では、現実の社会を舞台にした設定でストーリーが展開されることがあります。そこでは、職業、人間関係、ジェンダー、家族、規範、美的感覚、言葉遣いなどについて、典型的なイメージを利用して表現されることがあります。視聴者の中には現実の世界で同じような場面に遭遇した時に、そうした考え方や振る舞いを参考にする人もいると考えられます。何が正義で、何が悪かという認識や、登場人物の生き方に共感して、それを真似るということもあるでしょう。優れた作品は、人を感動させ、生き方にも影響を

与えるということがあります。

　情報の受け手としては、あり得ないことを楽しむ作品の内容を真に受け、無闇に現実の行動に反映させるということがないように気を付けなければなりません。情報の送り手には、このような虚構の作品の持つ影響力を理解して制作に取り組むことが必要になると言えるでしょう。倫理的に問題があることを推奨するような表現を行うことで生じる現実社会への影響も考慮して、表現に配慮する必要があります。

伝えられている現実

何が伝えられているか

　事実に基づいて制作されているドキュメンタリー番組も、送り手のフィルターによって選ばれたもので構成されているということを確認しましたが、ニュース番組はどうでしょうか？　ニュース番組もドキュメンタリー番組と同じように、事実に基づいているとはいえ、現実そのものではなく、選び抜かれて作られたものであるということを理解しておかなければなりません。

　その日にあった事件・事故など何があったかを速報的に伝えるニュース番組もあれば、地域の話題をリポートするものや、社会問題や政治のことについて解説するニュース番組もあります。多くの人は、ニュースを通じて世の中の出来事を知り、生じている問題やみんなで考えるべき議題について知ります。

　ニュースは、ただその日にあった出来事を伝えているのではなく、その中でも珍しい出来事、重要だと考えられる出来事を伝えています。珍しくないことは伝えられていないのです。視聴者にとって、「伝えられたことは実際にあったこと」になりますが、「伝えられなかったことはなかったことと同じこと」になります。当たり前のことですが、世の中で起こっている出来事をすべて伝えることなどできません。伝えられていることがすべてではなく、伝えられていないことの中にも大事なことはあると考えておくことが重要です。

事実の切り取り方

　ニュース番組の制作者になったつもりで考えてください。あなたはどのように取材しますか？　外を歩けば、たまたまニュースになりそうな事件に遭遇するということはめったにないでしょう。まず、ニュースを得るために、どこで何を取材するか決めるのではないでしょうか？　既にその時点で、たくさんある出来事の中から絞り込まれているということになります。事件・事故であれば、警察から情報を得ることになります。スポーツの試合があるとなれば、多くの人が興味を持ちそうな試合であれば取材に行くし、そうでなければ取材しないという選択をすることもあるでしょう。毎年行われる地域の祭りなどであれば、年に一度の珍しいことと捉え取材に行くかもしれません。

　一方で、取材されたことをすべて伝えられるとは限りません。突発的な事故などの速報を伝えるために放送時間を使ってしまうと優先順位の低いことは放送しないという選択をすることもあります。このように、ニュース番組は選択の連続によって切り取られた一面でしかなく、現実そのものではないと受け止めておく必要があるでしょう。

　さらに、メディアで伝えられていることは、送り手の意図によって事実の一部を切り取ったものだと言えます。同じもの、同じことでも異なる切り取り方ができます。伝えたいことが伝わる切り取り方をする必要があるでしょう。切り取り方を工夫すると、実際より魅力的に伝えることができますから、見てもらうためにはそうした工夫も必要になります。だからこそ、情報の受け手としては、そうした工夫がされたものとして読み解く必要があるのです。

バラエティー番組と現実

バラエティー番組

　テレビ番組には、いろいろなジャンルがあるということを説明しましたが、その中の一つとしてバラエティー番組があります。みなさんは、バラエティー

番組が好きですか？　バラエティー番組は、娯楽を目的として作られた番組です。楽しめる番組だから好きな人は多いのではないでしょうか？　しかし、感じ方や好みは人それぞれなので、人気があると言われている番組でも自分は好きになれない、ということもあると思います。

　バラエティーという言葉は、さまざまで変化に富んでいるという意味があります。具体的な番組の企画としては、漫才、コント、ドッキリ、トーク、歌、グルメ、旅行など、人を楽しませるためのさまざまな要素のうちどれかに特化させたものや、組み合わせたものがあります。事前に内容が決められた台本があるものだけでなく、しっかりとした台本はなく即興で演じられるものもあります。楽しくて笑いが出る要素には、さまざまなものがあります。例えば、お笑い番組の中では、お笑い芸人が会話の中でボケとツッコミなどの芸で視聴者を楽しませることがありますが、ツッコミを入れる時にたたくことがあります。たたく行為が暴力やいじめではないかと問題視されることもありますが、芸人の芸としてお互い合意のもとで許容されているところがあります。

　漫才やコントは、多少のアドリブはあったとしても、ネタがあり、練習を重ねて演じられているということが、わかりやすいと思います。では、トーク番組や旅行番組などはどうでしょうか。実在する人物が日常生活などについて話していて、決められたセリフとしてではなく会話をしているような場面では、リアリティーがあると感じられます。では、そこでお笑い芸人がツッコミを入れる時にたたく行為は暴力になるでしょうか？　やはり出演している芸人同士では、合意のもとで行われていると捉える必要があるでしょう。

本物らしさの必要性

　虚構と現実の境目がわかりにくい番組の企画もあります。例えば、見知らぬ人たちがシェアハウスに集められ、共同生活を行う中で生じる人間模様をカメラに収め、客観的に見て楽しむような番組です。友情、恋愛、けんかなど、さまざまな出来事が起こります。脚本が決まっていて役を演じて見せるドラマとは異なり、リアリティーが感じられるリアリティーショーです。視聴している側からすると現実のことのように感じられますが、そこにカメラがあり、番組として放送されるということ自体が非現実的なことを生じさせます。視聴者が

興味を持ちそうな場面やセリフや行動が選ばれて編集されることになりますから、参加している人たちは視聴者を楽しませるような役割を演じていくことになります。人を楽しませることを目的とした番組である以上、リアルに見えても虚構であると捉える必要があるのです。そのため、出演者の行動に対して、「ひどい」「許せない」と思ったことがあったとしても、それを理由に個人を誹謗中傷するということには問題があるといえます。番組を面白くしようとする出演者の演技や制作者の工夫によるものであるということを読み解かなければなりません。

　もう一つ、ドッキリ番組というのはどうでしょうか。出演者を驚かすようないたずらを仕掛け、その反応を楽しむという番組です。こちらも本物らしさが求められる番組と言えます。例えば、楽屋で他の出演者が突然ひどいけんかをし始めたとしたら、対象となる出演者はどうするか、隠しカメラで行動を撮影するといったような内容です。これは、出演者が事前にいたずらの内容を知っているとするならドッキリにならないため、基本的には事前に同意なく仕掛けていると考えられます。そして、放送されている時点、つまり、事後には同意しているということになるでしょう。しかし、本当に知らないとするなら人権侵害に当たるような過激ないたずらを仕掛ける場合には、さすがに事前に同意を得ているのではないかと感じられることもあります。実際のところ、事前に知っていたかどうかは、制作に関わった人にしかわかりません。みなさんは、事前に出演者に同意を得るドッキリ番組があるとするなら、視聴者に嘘をついていることになるから倫理的に問題があると思いますか？　それとも、「ドッキリ番組は、事前に出演者は同意のもとでいたずらが行われ、知らないふりをして驚く出演者のリアクションを楽しむ番組だと思っているから構わない」と思いますか？　意見が分かれるところかもしれません。

　これまでにも、バラエティー番組の行き過ぎた表現が問題視されることがありました。BPO（放送倫理・番組向上機構）の放送倫理検証委員会は、2009年11月17日に「最近のテレビ・バラエティー番組に関する意見[1]」を出しました。また、BPO青少年委員会は、2022年4月15日に「『痛みを伴うことを笑いの対象とするバラエティー』に関する見解[2]」を出しました。そこには、公権力（国家権力）に介入させることなく放送局が自主的に考える重要性が説明されてい

ます。公権力が「行き過ぎたバラエティー番組の表現が世の中を混乱させているから規制する」ことを理由に放送局のあり方に介入すると、結果的に報道における表現の自由も制限され、民主主義を守れなくなる危険性があるからです。こうした危機意識があることも知った上で、バラエティー番組のあり方について考えてみてもらいたいと思います。

「現実」と「現実の認識」の違い

　現実は現に存在していることだと説明しました。目の前に広がっている世界ということになります。どこまで続いているかわからない、おそらく無限に続き存在する世界のことを1人の人間がすべて把握できるものではありません。人が把握しているのは、その人が知り得た範囲に限定された、頭の中にある「現実の認識」ということになります。

　私たちは、世の中に存在しているものや考えなどを知り、一人一人が頭の中に「現実の認識」を作り上げていきます。そうした「現実の認識」は、実体験によるものもありますが、多くはメディアを通じて得た間接体験によるものということになります。それだけにメディアの影響は大きいと言えるでしょう。

　人は一人一人経験していることが異なるのだから、自分の中の「現実の認識」は、他の人とは異なるはずだというのは当たり前のことです。しかし、自分の中の「現実の認識」でしか現実を捉えることはできないため、そのことを意識できなくなってしまうことがあります。メディアが伝えていることは、無限に広がる現実のある一部分でしかないということ、その一部分の中でもさまざまな切り取り方がある事実の一側面だということ、人それぞれ自分とは異なる「現実の認識」を持っているということを理解しておいてください。

 # 望ましいメディア社会を目指して

メディアの送り手として気をつけたいこと

　現代は、インターネット、スマートフォン、SNSなどの普及によって、誰も

が情報発信しやすい環境になりました。ここでの情報発信とは、壮大な映像作品を作って配信するようなことだけでなく、SNSで閲覧した情報を「リポスト」や「シェア」などの機能を使って他の人と共有したりすることも含みます。

　情報を他の人に届けることで、感謝されたり、評価されたり、収入を得たりできることもあります。人の役に立てることで、嬉しく感じたり、自信をもてたりします。メディアを制作することの楽しさを感じることもできます。良さを引き出すには、相手意識・目的意識を持って、わかりやすく魅力的に伝えることができる能力が必要です。また、勝手な解釈をする受け手もいるだろうと想定して、誤解を与えることがないか表現を工夫する必要があります。

　ある学校で「地域の人が見にきたくなるような学校のよいところを紹介するパンフレット」を作るという授業がありました。グループごとに制作を進めていたのですが、あるグループで意見が分かれていました。「グレーの表紙がかっこいいからA案がよい」という人と、「黄色の表紙がかわいいからB案がよい」という人がいました。どうも自分の好みで判断をしようとしているようです。共通の基準がなければ決めることはできません。みなさんならどうやって決めますか？　大事なのは目的を達成させることなので、どちらの方が地域の人の心を動かすかを基準に考える必要があると言えるでしょう。

メディアの受け手として気をつけたいこと

　メディアは、送り手の意図によって構成されたものであり、何かを見せるために何かを見せない判断をして表現されています。受け手としては、悪意をもって騙そうとする情報に騙されないように気をつける必要もありますが、騙そうとしているのではないものでも、送り手の意図によって構成されたものとして読み解くことが重要です。また、思い込みで勝手な解釈をしないように注意する必要もあります。

　情報は目的を持って発信されていますし、取捨選択は伝えたいことを伝えるために必要なことです。例えば、広告の送り手は、記憶に残り、買いたくなるように撮り方を工夫したり、加工したりして魅力的に見えるように表現の工夫をします。実物とかけ離れたものになってしまうと問題がありますが、受け手にとっても、知らなかった商品のよさを知れることは価値があることなので、

世の中は、この表現の工夫を当たり前のものとして許容してきたのです。

だからこそ、受け手は、何かが強調されているということを知った上で、勝手な解釈をしないように読み解かなければなりません。

社会の一員としてメディアのあり方を考える

メディアは、工夫次第で、楽しく便利なものになります。これまでになかった新しいテレビ番組の企画によって、文化的に価値の高い作品が世に生み出されるかもしれません。また、新しいSNSの活用方法を考案することで、これまでにない情報のやり取りが生み出されることもあります。

一方、誰かにとって面白いと思うものが、誰かにとっては不快なものであることがあります。不快だと感じている人からすると、その情報を公開するのをやめてほしいと思うでしょう。しかし、その情報を面白いと思っている人の気持ちを無視することにも問題がありそうです。対話を通じて、どちらの立場も尊重できる解決策を考えていくことが重要です。

その担い手となるのは、その社会に参画する、あなた自身なのだということを覚えておいてください。望ましいメディア社会を目指して、対話を通じてメディアのあり方について考え、行動していくことができるメディア・リテラシーを身につけてもらえればと思います。

深 掘 り メ モ　**BPO（放送倫理・番組向上機構）**

BPOはNHKと民放連によって設置された「放送における言論・表現の自由を確保しつつ、視聴者の基本的人権を擁護するため、放送への苦情や放送倫理の問題に対応する、第三者の機関」である。主に、視聴者などから問題があると指摘された番組・放送を検証して、放送界全体、あるいは当該の局に意見や見解を伝え、一般にも公表し、放送界の自律と放送の質の向上を促している。[3]

参考・引用文献
（1）BPO放送倫理検証委員会：「最近のテレビ・バラエティー番組に関する意見」（2009）
https://www.bpo.gr.jp/?p=2814（参照2023-09-01）
（2）BPO青少年委員会：「『痛みを伴うことを笑いの対象とするバラエティー』に関する見解」（2022）
https://www.bpo.gr.jp/?p=11264（参照2023-09-01）
（3）BPO青少年委員会：「BPOとは」https://www.bpo.gr.jp/?page_id=912

III

当たり前になっている
固定観念に
疑問を持つことで
人の生きづらさを解消する

森本 洋介（もりもと ようすけ）

① ステレオタイプ（固定観念）とは？

ステレオタイプ

　ステレオタイプは多くの人に浸透している先入観や思い込みのことを指します。最近、「固定概念」という言葉を使う人をよく見ますが、正式には「固定観念」であり、辞書には「固定概念」という言葉は存在しません。なぜなら、「観念」は主観的なものの見方、つまり思い込みなどを指すのに対し、「概念」は論理的・言語的な意味内容を指すからです（ブリタニカ国際大百科事典）。ステレオタイプは勝手に人々の中に生まれるものではなく、特定の対象に対する何かしらのイメージがメディア（口コミを含む）によって拡散されていくことによって生み出されていきます。

　ステレオタイプはいかなる時代、いかなる場所（文化）であってもまったく同じ、というわけではありません。確かに、「男の子は青色が好き、女の子はピンク（赤）が好き」などのような、一般的に語り継がれてきたステレオタイプは存在していると思われます。しかしこのようなステレオタイプは一体いつから生まれたのでしょうか。少なくとも「男の子は青色が好き、女の子はピンク（赤）が好き」といったステレオタイプは2018年5月25日放送の「チコちゃんに叱られる！」で、1964年の東京オリンピックにおいてトイレの男女の色分けを青と赤にしたことから始まったと説明されています[1]。ただし、この手の話は「諸説あり」ですので、一つの可能性にすぎません。ステレオタイプがいかにして広まるのかを解明することは容易ではありません。

ステレオタイプは偶然に生み出されることもあれば、意図的に生み出されることもあります。例えば、アメリカのトランプ前大統領は、新型コロナウイルスを「チャイナ・ウイルス」と呼び、中国に対する悪いステレオタイプを生み出そうとしました。

　すべてのステレオタイプがこのように説明できるわけではありませんが、何にせよ、発端となった出来事があり、定着したステレオタイプもあれば、消滅したステレオタイプ、そして形を変えて存続しているステレオタイプもあると考えられます。そしていずれの場合であってもまずステレオタイプはある程度の人数に知られなければ（広まらなければ）「ステレオタイプ」とはなりえません。ここで重要な役割を果たすのがメディアとなるわけです。

　ここでメディア・リテラシーの観点から考えてもらいたいのが、ステレオタイプだけでなく、リプレゼンテーションという概念です。

深掘りメモ　　　**リプレゼンテーション**

メディアは現実をそのまま提示しているのではなく、現実を構成し直して再提示しているということ。

---

② ステレオタイプと　リプレゼンテーション

リプレゼンテーションとは

　ステレオタイプという言葉はさまざまな文脈で使われると思われますが、リプレゼンテーションという言葉はほとんど聞いたことがないと思います。それはメディア・リテラシーに特有の言葉だからです。リプレゼンテーションは英語だと「representation」と表記されます。「プレゼンテーション」という言葉はご存知でしょう。「プレゼン」は口頭発表を意味することが多々ありますが、ここでの「プレゼンテーション」の意味は「表現すること」や「提示すること」の意味で用いられます。それに「re」、つまり「再び」とか「再度」とか「〜

図7-1　リプレゼンテーション概念のイメージ図

し直す」という接頭語がついているので「リプレゼンテーション」は「再構成・再提示」などといった日本語に訳されることもあります。

　リプレゼンテーションとステレオタイプはどのように異なるのでしょうか。ステレオタイプは本章の冒頭で記したように、何かしらの凝り固まったイメージや思い込みを指します。つまり私たち自身が持っているイメージに留まるわけです。一方でリプレゼンテーションは、私たちが持っているイメージをメディアを通じて誰かに伝え、またそのイメージを受け取った人が自分なりにそのイメージを解釈して、メディアを通じて他の人に伝える、という流動的な概念です。文章では伝えるのが困難なので、図にしたものが図7-1です。

リプレゼンテーションの内容

　リプレゼンテーションに対する理解を深めるために、少し学問的に説明しましょう。イギリスのメディア・リテラシー教育の研究者であるバッキンガム（Buckingham, D.）は、メディアのリプレゼンテーションを学ぶことは以下について考えることである、としています。[2]

---

①**リアリズム**：このテクストは現実に忠実であろうとしているか。あるテクストはなぜ、他のものより忠実に現実を見せているように見えるのか。

②**真実を語ること**：メディアはどのようにして世界について真実を語っていると主張しているか。どのようにして本物に見せようとしているか。

③**存在と不在**：メディアの世界に何が含まれ、何が排除されているか。誰が話し、誰の言葉が除かれているか。

④**偏向と客観性**：メディア・テクストは特定の世界観を支持しているか。道徳的価値観や政治的価値観を理解させようとしているか。

⑤**ステレオタイプ化**：メディアは特定の社会集団をどのように構成し再提示しているか。そのリプレゼンテーションは正確か。

⑥**解釈**：なぜ読者や視聴者は、あるリプレゼンテーションを真実として受け入れ、別のリプレゼンテーションを虚偽として信じないのだろうか。

⑦**影響**：メディアのリプレゼンテーションは特定の社会集団や問題についての私たちの見方に影響を与えているか。

これら7つの要素がメディアのリプレゼンテーションについて学ぶことであるとバッキンガムは述べています。一読して、なかなか理解が難しい概念であると思われたことでしょう。そこで、今度はアメリカのメディア・リテラシー教育研究者であるホッブス（Hobbs,R.）が説明するリプレゼンテーションの要素について見てみましょう。ホッブスはリプレゼンテーションに関わるキーワードとして「ステレオタイプ」、「権威（authority）」、「信頼性（reliability）」の3つを挙げます。そして、以下の3つのことについて考える必要があると述べます。[3]

　（ア）メッセージは現実を選択的に構成したものである。
　（イ）メッセージはアイデアや情報を表現するためにステレオタイプを利用する。
　（ウ）人々は権威や信頼性のような基準を用いてメディアのメッセージの信頼性を判断する。

　ホッブスの説明のうち（ア）と（イ）はメッセージを作る側の事項であり、（ウ）はメッセージを受け取る側の事項であることがわかるでしょう。つまり、人々に伝えようとしている情報（＝メッセージ）は、その情報を受け取る人々がどのような人たちで、どこまで説明しないといけないのか、また既に持っている情報や考え方については説明を多くしなくてもわかってくれるだろう、という前提で作られている（構成されている）ということです。バッキンガムとホッブスのリプレゼンテーションについての説明は異なっているように見えますが、実際は同じようなことを言っています。ホッブスの説明を問題提起で言いかえたものがバッキンガムの説明だと言ってもよいかもしれません。例えば、バッキンガムの説明「⑥解釈」は、ホッブスの説明（ウ）と重なります。バッキンガムは「なぜ読者や視聴者は、あるリプレゼンテーションを真実として受け入れ、別のリプレゼンテーションを虚偽として信じないのだろうか」と問題提起をしていますが、ホッブスの説明では「人々は権威や信頼性のような基準を用いてメディアのメッセージの信頼性を判断する」としているわけです。抽象的な説明ではわかりにくいので、次からは具体例を交えて説明していきます。

リプレゼンテーションが及ぼす影響

　仮にA新聞とB新聞があり、両紙が同じ事実を報じていたとしても、ある読者が「私はA新聞は信じているがB新聞はいつも嘘ばかり報じている」と思い込んでいればA新聞の内容しか信じないでしょう。また、あるテレビ番組で、世間的に有名でいろいろな番組に出ているXさんが出演して説明している内容と、まったく無名のYさんが別のテレビ番組でXさんと同じ説明をしている内容があった場合、みなさんはどちらの説明を信じるでしょうか。「両方とも信じる」、「両方とも信じない」、「Xさんの説明は信じるがYさんの説明は信じない」、「Yさんの説明は信じるがXさんの説明は信じない」という4つの選択肢が基本的にあると思われますが、その分野について何も知らない人が両方のテレビ番組を見たとしたら、少なくとも「Yさんの説明は信じるがXさんの説明は信じない」という選択肢は出てこないでしょう。「権威」や「信頼性」（もしくは知られていること）というのは、メッセージの理解に大きな影響を及ぼす可能性があるのです。メディア・リテラシーではそういった観点でメッセージを読み解く必要があるのです。

　さらにバッキンガムの説明「③存在と不在」とホッブスの説明（ア）は、リプレゼンテーションの理解にとって重要な視点を提示しています。私たちはえてして「見えているもの・聞こえているもの」には注意を払いますが、「除外されているもの」や「見えないもの・聞こえないもの」に思いを巡らせることはあまりないでしょう。例えば、ある学校のプログラミング教育の授業を自分が参観したとします。自分はその授業の一部始終を見ていたので、どのような授業が行われたのかを知っています。しかしテレビ局が取材に来て、ニュースでその授業の様子を3分間にまとめたものを視聴した際に、自分が見た授業では空を飛ぶヘリ型のドローンと、地上を走る車型のドローンの両方を使っていたのに、そのニュースではヘリ型のドローンを飛ばしている場面しか映していなかったとします。自分は授業の現場にいたので、ヘリ型のドローンと車型のドローンの両方でプログラミングの授業をやっていたことを知っていますが、現場に居合わせず、ニュースを視聴しただけの多数の人（特に最近の学校現場を知らない人）は「プログラミングの授業＝ヘリ型のドローンを飛ばす授業」

と思い込んでしまうでしょう。これは、ニュースを作ったテレビ局の取材班が、「プログラミング教育＝ヘリ型のドローンを飛ばすこと」と思い込んでいたことによるものかもしれませんし、３分という時間のなかで、視聴者にインパクトを与えるために、苦渋の決断でヘリ型のドローンの場面だけを選んだのかもしれません。いずれにせよ、ニュースを作った人に聞かないとわからないのですが、いちいちニュースごとにテレビ局に電話をかけて作った経緯を聞くわけにはいきません。私たち視聴者がそのニュースから除外されたものについて想像したり調べたりするしかないのです。

　このように、リプレゼンテーションには情報を作る側と受け取る側の両方のステレオタイプが関係して生まれる場合もあります。バッキンガムとホッブスの説明両方に共通しているのは「リプレゼンテーションがステレオタイプを含む」ということです。ステレオタイプはリプレゼンテーションを形成する一つの要素である、と理解できるでしょう。

　とはいえ、なかなかリプレゼンテーションという概念を理解することは困難です。まずはステレオタイプについてきちんと理解し、また自分が持っているステレオタイプについて自覚し、次に述べていくように、自分自身のステレオタイプとどのように向き合うのか、世の中のステレオタイプに対してどのように考えるのか、というところから始めていくとよいでしょう。

③ ステレオタイプにどう対応するのか？

ステレオタイプを「読む」能力を育む

　ここまで、ステレオタイプとリプレゼンテーションについて具体例も交えて説明してきました。メディア・リテラシーの観点からは、それらの理解に留まるのではなく、理解した上で自分がどのように対応していくのか、という視点を持つことが大切です。ステレオタイプはメディアによって拡散するわけですから、その人がこれまでに接してきたメディアによってどのようなステレオタイプを持っているのかが異なるはずです。ですから、できる限りいろいろな人

の意見を聞き、話し合うことで、今自分が持っているステレオタイプを変えていくこともできるはずです。

　とはいえ、なかなか他人と意見交換する環境にない、もしくは建設的な議論にならない場合もあります。ステレオタイプに関する議論は、必然的にイデオロギーや価値観について議論することにつながるからです。特に高校生の場合、政治的な話題や社会的な話題、自分の本音を語ることは、相手が友人であってもはばかられることがあるでしょう。そのような環境の場合、複数のメディアを比較して読む、という活動が役に立ちます。例えばバッキンガムは、ある新聞の政治的な考え方を理解するためには、社説面を読むと簡単に確認できる場合があると述べています(2)。

　また、第9章のキャッチコピーの説明でも取り扱いますが、例えば「ママさんアスリート」のようなキャッチコピーを使った競技中継や、ニュース番組のスポーツコーナーで競技の結果を特定の視点からのみ報じたりするような「ステレオタイプ化」について考えてみることも有効であるとしています(2)。ただし、その際にマスコミ批判にならないようにすることも重要です。自分たちも何かしらのステレオタイプを持っているからこそ、メディアもまたステレオタイプを利用しようとするのです。しかし、大なり小なり存在しているステレオタイプを完全に捨てることは無理ですし、マスコミ－私たちという関係だけでなく、ふだんの私たち同士のコミュニケーションでも、ステレオタイプを利用していることが多々あります。

情報を「作る」視点を持つ

　一度自分たちでメディアを作ってみるという制作活動を行うことも、ステレオタイプを理解するために有効な活動です。ここでは、アメリカのマサチューセッツ州にある、とある高校で高校1年生が行ったドキュメンタリー映画作りのエピソードを紹介します(4)。理科の授業で、その学校の裏手の森林や湿地帯の生態系に関する短いビデオドキュメンタリーを制作することになりました。制作プロジェクトには、企画を出すブレインストーミング、原稿書き、ビデオ撮影や編集をする時間が含まれており、時間が限られています。生徒たちには、ビデオカメラが1台しかなかったので、4、5人のグループごとにビデオ撮影

をするため特定の日時が割り当てられました。

　ある日、1つのグループが担当教師に相談をしに来ました。そのグループの作品のテーマは、学校の裏手の池にポイ捨てされたペットボトルの容器などのゴミでできた湿地汚染に関するものでした。そのグループは、実際にゴミのたまり場になっている様子を映像に撮ろうとしましたが、自分たちの撮影時にはいつものようなゴミがほとんどなかったのです。そこである生徒が、撮影のためにわざとゴミを池に置いて、必要な映像を撮ったら、そのゴミを取り除くというのはどうか、と担当教師に聞いてきたのです。さて、みなさんならどのように判断するでしょうか。

　担当教師は、クラスでの議論の題材としてこの倫理的な問題を取り上げようと決めました。この先生は、このグループの提案、いわば「やらせ」のような行為について、科学者、映画制作者、オーディエンスのいずれかの視点から「利点」と「欠点」を考えるように生徒たちに指示しました。生徒の中には映画制作者に同情的で、限られた時間のもとでビデオを完成し、なおかつ人を感動させるような視覚に訴えるストーリーを作るためにある程度の「やらせ」は必要だと理解を示す生徒もいました。また別の生徒たちは、ありのままの状況を撮影する（「やらせ」をしない）科学者の立場に好意的でした。授業時間の終わりに、担当教師は、多くの考え方のうち、どれが個人的に最も無視できない重要なものであったかを考えるよう生徒たちに指示しました。

　その翌日の授業では、議論を続けることを希望する生徒が多くいました。2、3人の生徒は自宅で「やらせ映像」と「ドキュメンタリー」というキーワードをGoogle検索で調べて、自発的にこの話題について調査をしました。その調査によると、ほとんどすべての環境問題に関するドキュメンタリーではよりおもしろく有益な演出をするために編集と技巧を凝らしていることがわかりました。多くのドキュメンタリーが、撮影するのが不可能な場面を視覚的に表現するために以前起こったことの再現や関係者による証言のようなテクニックを使います。しかし、そのようなテクニックは、視聴者への誤解を生じさせかねないやり方です。ホッブスはこのようなドキュメンタリーの手法について、「リプレゼンテーションと現実との境を引きのばしているのかもしれません[4]」と述べています。ホッブスは「やらせ」がダメとか、仕方ないとか、そういうこと

を言いたいわけではありません。情報に関わる立場によって、リプレゼンテーションと客観的な事実の捉え方が異なってくるため、それぞれの立場から考えられるようになってほしい、ということを伝えたいのです。

フィクションかノンフィクションかは関係ない

　このようにステレオタイプの問題はしばしばニュースやドキュメンタリーのような事実（リアリズム）に基づく情報のなかで取り扱われますが、フィクションの物語やドラマなどでも実際にはステレオタイプの利用がなされています。バッキンガムは「明らかに『ファンタジー』といえるテクストや、ファンタジーとリアリティーの区別を軽視しているテクストを考察することが重要である。メディア・リテラシーを有する子どもは、メディアの潜在的な影響という観点から、これらの種類や程度がさまざまに異なる『リアリズム』の意味を論じることができるだろう[2]」と述べています。例えば、男の子が主人公のヒーローアニメと、女の子が主人公のヒーローアニメを視聴して、戦い方や問題の解決の仕方、戦う理由などを比較して考察すると意味のある分析ができるのではないでしょうか。

　メディア・リテラシーを学ぶ人たちには、本章第2節で取り上げたバッキンガムとホッブスのリプレゼンテーションの視点のような、自分へのツッコミが必要です。バッキンガムは、「ものの見方は明白に示されることもあれば、『見えないような』状況になっていることもある。これらの見方は思い込みを作り、（『いいね！』のような）感情を表現するボタンを押させ、すぐにはわからないような特定のものの見方について即座の判断や反応を求める[5]」と説明します。カナダのアンダーセンは、メディア・リテラシーについて説明する時に"Watch Carefully、Think Critically"（慎重に見て、クリティカルに考える）というキャッチフレーズを使います。ここでの「クリティカル」とは、「多面的」とか「分析的」という意味で理解するのがよいでしょう。自分の持っているステレオタイプに対して一歩引いて考えられるようになることで、メディアに対して慎重に行動できる人間になることが目標です。

参考・引用文献

(1)藤代洋行：「防災とピクトグラム　なぜ男性は青、女性は赤？　東京オリンピックで生まれたトイレの男女マーク」リスク対策.com（2020）https://www.risktaisaku.com/articles/-/32070（参照2023-9-30）

(2)D. Buckingham：*Media Education: Literacy,Learning and Contemporary Culture.* Polity Press p.58／p.59（2003）

(3)R. Hobbs：*Media Literacy in Action:Questioning the Media.* Rowman & Littlefield（2021）

(4)R. Hobbs：*Digital and Media Literacy: Connecting Culture and Classroom.* Corwin Press p.93（2011）

(5)D. Buckingham：*The Media Education Manifesto.* Polity Press（2019）

Chapter
第 **8** 章

写真

中橋 雄（なかはし ゆう）

① 写真と私たち

身近なメディアとしての写真

　みなさんは、情報の受け手として写真を見たことがありますか？　また、情報の送り手として写真を撮影したことはあるでしょうか？　おそらく、「見たことがある」「撮影したことがある」と答える人が、ほとんどではないかと思います。写真は、それくらい私たちにとって身近なメディアだと言えるでしょう。写真は、書籍、雑誌、新聞、Webサイト、ポスターにも使われますし、テレビや動画でも写真を見せながら説明するといった時に使われています。

　学校の授業でも写真を活用することは多いのではないでしょうか。例えば、教科書や資料集に掲載されている写真を見て学ぶことがあるでしょう。また、先生が視覚的にわかりやすく説明するために写真を提示して説明する授業場面も見受けられます。さらに、学習者が、理科で植物の成長を観察したり、実験の結果を記録したりするためにカメラで撮影することもあるでしょう。社会科見学で見たことを記録したり、国語でポスターやパンフレットを作ったりするために写真を撮影して使うといった学習活動もあると思います。

　最近では、カメラ機能を備えたスマートフォンや情報端末が増えたこともあり、写真を写す経験をする人は増え、写真は、以前よりも身近なものになっています。また、今と昔では、カメラの性能も、使われ方も異なっています。撮影した写真は、メールやSNSを通じて簡単に他の人に送るということが行われるようになりました。一般の人が誰かに何かを伝えたいと思って撮影した写真

を見る機会が増えています。こうした変化も意識して写真とは何か、どのように活用するとよいか考えていくことが重要です。

　身の回りにあふれていて当たり前のように接する状況にあるからこそ、大事なことを見失うということもあります。そうならないために、ここでは、「写真」というメディアについて考えていきましょう。

写真とはどのようなメディアか？

　みなさんは、写真とは、どのようなものだと思っていますか。言葉で説明するならば、どのように説明するでしょうか。まず、ここで自分の考えをノートに書き出してみてください。書き出したら、この本を読み進めてもらい、自分の考えと比べてみてもらいたいと思います。言葉で説明するということですから、ぜひ一度、辞書も開いてみましょう。できれば、複数の辞書を比べてみてもらいたいと思います。どのように書かれていたでしょうか？

　ここでは、「スーパー大辞林」という辞書から一部引用しておきます。そこには、「光学的方法で感光材料面に写しとった物体の映像。一般には物体からの光を写真レンズで集めてフィルム・乾板などに結像させ、これを現像液で処理して陰画とし、印画紙などに焼き付けて陽画を作る」と説明されています。現在では、デジタル技術を用いたデジタルカメラで撮影した画像やそれを印刷したものも「写真」と呼ばれていて、そちらの方が一般的なものになりつつありますが、そのもとになる写真の技術があったことが読み取れます。

　みなさんは、「証拠写真」という言葉があるのを知っているでしょうか？事実を明らかにするための拠り所になる証拠として写真が使われることがあります。そのため、「写真というのは、実在するありのままを写し取ったもの」だと考えている人は、少なくないと思います。しかし実際には、必ずしも「ありのまま」というわけではありません。そう聞くと、みなさんは捏造された合成写真のことを思い浮かべるかもしれません。最近ではデジタル技術の進展によって、画像の合成や加工が容易にできるようになったため、なかったことをあったことのようにでっちあげる写真を作ることもできます。そうですね、そのような嘘の写真は、「ありのまま」ではありません。ただ、ここで伝えたいことは、嘘の写真ではなかったとしても「ありのまま」というわけでは

ないということなのです。メディア・リテラシーの研究者であるマスターマン（Masterman,L.）は、「メディアは能動的に読み解かれるべき、象徴的システムであり、外在的な現実の、確実で自明な反映なのではない」と説明しています[1]。そのことについて詳しく考えていきたいと思います。

② 写真はありのままを伝えているか

写真を読み解く必要性

　写真は、ある瞬間の一部を静止画として切り取り、情報を伝えるメディアです。一般的なカメラは撮影可能な領域が決められていて、そのフレーム（枠）に収めたものが記録されます。実際にはフレームの外側が存在していたわけですが、写真に切り取られなかったことは記録されません。例えば、地震の被害を伝えるための報道で壁が崩れている写真があった場合、フレーム外には被害を受けていないところもあるかもしれないと読み解く必要があります。

　また、撮影するある瞬間の前と後にも撮影対象は存在していますが、撮影された瞬間しか記録されません。例えば、不機嫌そうな表情の写真があった場合でも、撮影される前後はずっと笑顔で楽しそうな表情を見せていたかもしれないと読み解く必要があります。不機嫌な表情をしたことは事実だとしても、その写真を使って不機嫌そうだったと伝えることは、事実を伝えることになっていないかもしれません。

　このような一場面、一瞬を切り取って伝えるということがもたらす効果があります。それは、写真のフレームに情報が絞り込まれることによって、他の情報が削ぎ落とされ、伝えられる情報が強調されるという効果です。実際にその場で体験した方が得られる情報量が多く、それがよいという場合もありますが、写真で絞り込まれるからこそ得られる効果もあるということです。感動の瞬間を撮影した写真は、その感動の部分だけを切り取り、静止画として残り続け、人の心に働きかけます。そのため、その場に立ち会った人が実際に見て感じたことよりも、写真によるイメージの方が強く人を感動させることがあるの

です。そのように感じた経験はありますか？　ブーアスティン（Boorstin, D.）は、代表的な著書『幻影の時代』の中で次のような指摘をしています[2]。

> メディア社会の進展に伴い、人々は素朴な現実ではなく意外性のある出来事とその報道を求めるようになる。そうした受け手の欲求を満たすために、送り手は素朴な現実世界の出来事をただ伝えるのではなく、視聴者が見たいと思うような魅力的な「現実」を選び、魅力的に感じられる方法で伝えるようになる。その結果として、素朴な現実よりも魅力的に伝えられたイメージの方が優位となり人々を魅了する。

　このように、写真として見ることができる一場面、一瞬を考えてみれば、写真がありのままの事実ではなく、切り取られた一部分だということがわかります。そして、どのように切り取るかによって、何かが強調されるということを知っていれば、わかりやすく伝わる写真の撮り方や読み解き方がわかってくると思います。受け手としては、写真からわかる情報を読み解き、解釈すると同時に、写真からではわからない情報もあるということを理解しておくことが重要です。逆に、送り手としては、伝えたいことが伝わる写真を撮影するために、どのような枠で切り取るとよいか、どのような瞬間を切り取るとよいか考えることが重要になると言えそうです。

伝える写真の取捨選択

　撮影された写真は、何か目的を持って使われることが多いと言えるでしょう。例えば、観光地に行ったならば、今日はこんな観光地に来ているよと、友達に伝えるためにメールで写真を送るということがあるかもしれません。その時には、たくさん撮った写真の中から送信する写真を選ぶのではないでしょうか？また、伝えたいことを効果的に伝えるためにはどんな写真を撮影したらよいか考えて、場所を選び、撮影することもあるでしょう。情報の送り手と情報の受け手の間に入るメディアは、このように送り手の意図によって取捨選択されて構成されます。

　凶悪事件の容疑者が逮捕されたニュースで使われる写真は、どのような写真

でしょうか？　たくさんある写真の中から、伝えたいことが伝わるようにと考えると、にこやかな写真よりも悪そうな印象を与える写真が選ばれることになると考えることができます。一方、活躍している人のことを伝えるニュースで伝えられる写真には、にこやかで好印象な写真が選ばれることになります。そのようにして、実際に会ったことがない人に対しても、その人がどのような人なのかという認識が作られていくことがあります。直接会ってみると悪い人ではないという印象を受けることもあれば、直接会ってみて印象が悪くなる人もいるかもしれません。

　メディアとしての写真は、送り手の意図によって撮影され、選択され、強調されて伝えられています。受け手はそれを自分なりに読み解き、解釈して、頭の中に蓄積していくことになります。そうして作り上げられたイメージは、実際のものとは異なるということを理解しておくことが大事だということがわかります。なぜなら、実際と異なるイメージによって、偏見、差別、対立が生じることになるかもしれないからです。今、社会的な問題として偏見、差別、対立が生じていることの中には、送り手の伝え方や受け手の読み解き方が原因となっているものがあるかもしれません。そうした問題は、人々がメディア・リテラシーを高めていくことで解消できるものもあるのではないでしょうか。

　事実を伝えることが目的の場合、写真を使っているから事実といえるわけではありません。情報の送り手は、選んだ写真で事実を伝えることができているか、よく考えることが重要です。情報の受け手は、わかりやすく伝えるために伝えられる過程で何かが削ぎ落とされ、何かが強調されていることを理解した上で、写真を見る・読み解くことが重要です。

伝えるための表現の工夫

撮影方法の工夫

　カメラのシャッターボタンを押せば誰でも写真を撮影できますが、それで目的に応じた写真が撮影できるとは限りません。写真は、同じ対象を撮影すると

しても、写す対象の大きさ（サイズ）やカメラの位置（ポジション）、カメラの角度（アングル）などによって、伝わることが変わります。撮影方法を工夫することで、伝えたいことを強調して伝えることができます。

　まず、写す対象の大きさ（サイズ）については、対象に近づいて、ある部分を大きく撮影することを「アップで撮る」と言い、対象から離れて全体を広く写すことを「ルーズで撮る」と言います。例えば、地域にある公園の素晴らしさを伝えるために遊びに来ている人を撮影するとします。みなさんならアップで撮りますか？　ルーズで撮りますか？　公園で遊んでいる人の顔を「アップで撮る」と楽しんでいる表情がよくわかり、公園の素晴らしさが伝わるかもしれませんが、どのくらいの人が公園で遊んでいるか伝えることはできなくなります。一方、「ルーズで撮る」ことでたくさんの人が遊びにきていることがよくわかり、公園の素晴らしさが伝わるかもしれませんが、遊んでいる人たちの表情を伝えることはできなくなります。写す対象の大きさ（サイズ）は、アップかルーズかどちらかが正解ということではなく、伝えたいことに応じて使い分けることが重要です。

　次に、カメラの位置（ポジション）についてです。例えば、交差点の風景を撮る場合のことを考えてみましょう。高い場所から撮ると、その場所の様子を俯瞰的に見た印象に写すことができます。目の高さで撮ると、自分がその場にいるような印象になります。目より低いポジションから撮ると、その場の迫力が伝わることがあります。

　また、カメラの角度（アングル）によっても伝わる印象が変わります。例えば、ある人物をやや上の方から撮ると、表情がより印象的に写ります。目の高さで水平に撮ると、親密な印象に写ります。下の方から撮ると、空などが映って開放感のある印象になったり、威圧的な印象になったりすることがあります。

　以上のように、写す対象の大きさ（サイズ）、カメラの位置（ポジション）、カメラの角度（アングル）などを選択することで、どのような印象を与えるものになるのか知った上で写真を撮ると、自分が伝えたい内容や印象が、より伝わるようになります。一方、写真を見る時には、写真は現実そのままを写しているのではなく、送り手が意図を持って現実を切り取っていることを意識することが重要です。

写真の後処理（加工）の効果と注意点

　最近はアプリなどで簡単に写真を加工することができるようになりました。例えば、明るさを調整して見やすくなるように写真を補正することがあります。写真を加工することによって、伝えるメッセージを変化させることもできます。例えば、いちごの写真を撮った場合、写真に少し赤みを足すと、夕方に撮影したいちごに見えます。少し青色を足すと、朝採れのみずみずしいいちごに見えます。他にも、広告に使う写真では、写っている場所が特定できる看板など、背景に映り込んでしまった不要なものを消すこともできます。顔写真では、髪の毛をつやつやにしたり、歯を白くしたりして、より良い印象に見せることもできます。さらに、腕の筋肉を大きくして強そうに見せることもできます。情報の受け手は、このような加工が簡単にできることやふだん見ている写真も加工が施されているかもしれないと考えた上で見るようにしましょう。

　一方、こうしたアプリで写真を加工すると、写真に現実味がなくなってしまう場合があります。そうした現実味のない偽りともとれる顔写真を使用する際には、「他のことでも偽ることがありそうで信用できない」と思う人もいるだろうと考えておいた方がよさそうです。写真の後処理は、そうした点もよく考えて行いましょう。どこまでの加工が許されるかは、目的によってルールが定められている場合があります。例えば、運転免許証のような証明写真は、本人だと照合できる写真にするように決められています。一方、商品の良さを伝えるための広告に使われる写真は、架空の世界として表現することもあり、合成や加工を含む、さまざまな工夫がされていることが多く、そのことは、ある程度社会的に許容されています。そのため、私たちが日常的に触れている写真は、何らかの加工が施されているものが多く、そういうものだと理解しておく必要があると言えるでしょう。

　もし加工をした写真を用いて情報を発信する送り手の立場になった場合には、人によってどこまでの加工が許されるか基準が異なることを理解した上で自分の基準だけで判断しないようにすることが重要です。人と人とのコミュニケーションにおいて、どのような写真であれば問題がないか、また、効果的かということについては、正解が1つに決まるものではありません。人それぞれメデ

ィア・リテラシーのレベルが異なります。人と人との関係性の中でゆるやかな合意が形成されるということを考えるならば、どんなものに対してどう感じる人がいるのか、その多様性を理解していくことが重要になると言えるでしょう。いろいろな人との対話を通じて考えていってもらいたいと思います。

メディア・リテラシーを身につけよう

写真のあり方を考える

　みなさんには、情報の送り手として、わかりやすく効果的な写真を撮影したり、活用したりすることができるようになってもらいたいと思います。また、情報の受け手として、写真で伝えられている情報を読み解いてもらいたいと思います。そこで、次のことについて考えてください。

　もし、かぜが流行していることを伝えたいという場合は、街頭でどのような写真を撮影しますか？　例えば、それを伝える方法として、マスクをした人が多く写るように撮影するといったことが考えられると思います。ビルの写真を撮っても、かぜが流行していることは伝わりませんよね？　次に、災害時に物流が滞っていることを伝える写真を撮影したい場合はどうでしょうか？　商品が置いてある棚よりも、売り切れて空っぽになった棚を写すということが考えられると思います。商品がいっぱいの棚を写しても物流の停滞は伝わりません。さらに、広告としての観光パンフレットで使う写真に、ふだんはそこにない工事車両が景観を損なうかたちで写り込んでいたならば、どうしますか？　再撮影する時間や予算がない場合は、画像加工で工事車両を消して使われることも考えられると思います。

　このように、実際に何かを誰かに伝えようと思うとさまざまな選択や判断が必要になります。何でもよいからシャッターを押せば伝わるということはありません。画像加工をどの程度やってよいかは、人それぞれ考え方が異なる場合があります。もしあなたが「パンフレットの写真を合成しちゃダメだ」と思っても、それを問題ないと思っている人が世の中にいれば、そこで誤解や混乱、

争いが生じることになってしまいます。

　自分の価値観で考えるだけでなく、伝えたいことをわかりやすく伝えるために、何が世の中で許容されることなのかを知る努力が必要になります。このように考えると、「世の中で使われている写真の多くは、わかりやすく魅力的に見えるように工夫して撮影・加工がされているものだ」という心構えは必要になりそうです。何がどこまでだったら許されるのか、対話を通じて社会全体でメディアのあり方を考えていく必要があるのです。

送り手と受け手の循環

　写真というメディアは、さまざまな目的で使われます。例えば商品を売るための広告、出来事を伝えるための報道、一般の人の情報発信などがあります。普通ではありえない合成写真が、人を楽しませるために使われることもあるでしょう。そうした目的に応じて、サイズ、ポジション、アングルを工夫して構図を決め、レンズやライティングで見せ方を工夫したり、画像の加工や合成が行われたりしています。何が写っている写真なのかということがわかるだけでなく、そうした送り手の意図と表現の工夫を捉えなければ、情報を読み解いていることになりません。

　情報の受け手として写真を見る時には、「何のために、誰に、何を、どのように伝えている写真なのか」送り手の意図や表現の技術を考えるようにするとよいでしょう。そうすることで、知らないうちに騙されたり、誤解したりしにくくなるでしょう。また、相手が伝えたかったメッセージを理解するために役立つでしょう。さらに、うまく表現できていないだけで相手が伝えたかったことは別にあるのかもしれないと寛容な気持ちで受け止めることができるようになるのではないでしょうか。

　一方、情報の送り手として写真を撮影・活用する時にも「何のために、誰に、何を、どのように伝えるか」意図を持って表現を工夫してみるとよいでしょう。ただし、実際にはそうして考えても、伝えたいことは簡単には伝わらないものです。情報の送り手として表現を工夫した結果、現実とかけ離れてしまい、誤解を与えてしまうこともあるでしょう。しかし、その経験を積み重ねていくことで、伝えたいことを伝えることができるようになっていくと考えられます。

このように、受け手の経験は、送り手として情報を表現・発信する際に活かされます。また、送り手の経験は、受け手として情報を読み解く際にも活かされます。写真は、ある一部分、ある瞬間を切り取って伝えることしかできないものです。また、受け手は送り手の伝えたかったことと異なる読み解き方をするものです。情報の送り手と受け手、両者がメディア・リテラシーを身につけて歩み寄り、その溝を埋めていく努力をすることが大事だということを覚えておいてください。

深掘りメモ　　　　構図

写真を撮影する際、目的に対して「撮影対象をフレームのどの位置に収めると効果的か」を考えて決められた全体像の構成を「構図」という。同じ撮影対象を撮影したとしても構図を変えると印象が変わる。「構図」は、いくつか「こうするとよい」と言われているやり方がある。例えば、フレームを縦に３分割した時にできる線と横に３分割した時にできる線が交わる点のうち、主役となる撮影対象の向きが中央に向いているように見える位置に合わせることでバランスのよい写真になると言われている。

深掘りメモ　　　　トリミング

撮影された写真・画像から必要な部分を切り出して不要な部分を取り除くことをトリミングという。構図を整えたり、ある部分を抜き出すことでその他の状況を削ぎ落として伝えたいことを強調したりすることができる。写真をハサミで切り抜く方法やコンピュータの画像加工アプリケーションで画像をトリミングする方法がある。

参考・引用文献
（1）Masterman, L., 1985, *Teaching the Media*. Routlege.（宮崎寿子訳）：『メディアを教える―クリティカルなアプローチへ』世界思想社（2010）
（2）Boorstin, D., 1962, *The Image; or, What Happened to the American Dream*. Atheneum.（星野郁美、後藤和彦訳）：『幻影（イメジ）の時代―マスコミが製造する事実』東京創元社（1964）

広告・キャッチコピー

森本 洋介（もりもと ようすけ）

1 広告

広告の歴史

　広告とは「とりわけ商品やサービスなどに関する情報を世間の多くの人に知らせ・興味を抱かせ・購入その他の行動を促す、そのために行われる情報伝達もしくは情報伝達の媒体や伝達内容のこと」とされています。広告はイギリスで起こった産業革命以前から存在しているとされていますが、当時の広告はさほど重要なものではありませんでした。広告が必要とされるまで商品の種類や量が多くなかったためです。商品の存在を世の中に知らせるためには看板や行商人のかけ声、口コミなどで十分でした。しかし産業革命が起こってからは、新しい技術、製品、それを求める顧客が生まれ、また教育が普及して読み書きができる人の数が増えていくにつれ、広告の必要性が高まっていきました[2]。その後メディアがチラシ、新聞、ラジオ、テレビ、そしてインターネットへと発展していくにつれて、広告のあり方も多様化していきました。

　メディアが多様化していったとはいえ、広告が社会経済的に意味を持ち始めたのは第二次世界大戦後です。広告による市場調査やテレビCMの普及といった、第二次世界大戦後に起こった広告ブームの到来により、広告の意味が飛躍的に高まっていきました[2]。現代においては、広告が商品を宣伝するだけのものではなく、アイデアを売り込んだり、企業イメージを売り込んだり、公共広告（Public Service Announcement）という社会的な意識を宣伝するための広告が登場したりと、広告自体の意味も多様化していっています。

●広告がもたらす社会現象

　一方で広告という、多くの人の目に触れる情報は、議論を呼ぶことがたびたびありました。例えばサブリミナル効果[*]の問題や、復興庁が2021年にトリチウムという放射性物質をゆるキャラ化した問題[3]など、広告を利用して人々の心や意識に影響を与えようとしたことが主な議論の内容です。また2011年3月の東日本大震災が起こった後、多くの広告が「自粛」する中で、「ACジャパン」という日本の企業連合による公共広告が企業広告時間の穴を埋め、一部のテレビCMについては流行となるなど、広告自体が社会現象を巻き起こすきっかけにもなっています。

　現代において広告は至るところに存在するようになりました。スマホでSNSを使っていれば、必ずといってよいほど広告が出てきます。電車に乗れば一昔前はいわゆる「吊り広告」と呼ばれるものばかりでしたが、今ではJR山手線の車両などでは、動画の広告も絶え間なく流れています。広告はメディアそのものではなく、さまざまなメディアに存在するひとつのジャンルですが、私たちにとって身近な存在となっていることは疑いないでしょう。

現代の広告の種類

●広告を巡るお金

　さて、広告を巡るお金の規模がどの程度なのかを知っている人は多くないと

図9-1　日本の総広告費の推移[4]

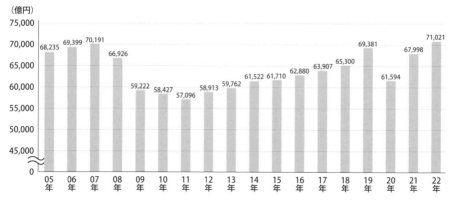

＊潜在意識下広告のこと。目に見えないレベルの速い速度や微小な音量で広告を提示し、
　消費者の購買行動に影響を与えようとする手法。

表9-1　日本の媒体別広告費(2020～2022年)[4]

媒体＼広告費	広告費(億円)			前年比(%)		構成比(%)		
	2020年	2021年	2022年	2021年	2022年	2020年	2021年	2022年
総広告費	61594	67998	71021	110.4	104.4	100.0	100.0	100.0
マスコミ四媒体広告費	22536	24538	23985	108.9	97.3	36.6	36.1	33.8
新聞	3688	3815	3697	103.4	96.9	6.0	5.6	5.2
雑誌	1223	1224	1140	100.1	93.1	2.0	1.8	1.6
ラジオ	1066	1106	1129	103.8	102.1	1.7	1.6	1.6
テレビメディア	16559	18393	18019	111.1	98.0	26.9	27.1	25.4
地上波テレビ	15386	17184	16768	111.7	97.6	25.0	25.3	23.6
衛星メディア関連	1173	1209	1251	103.1	103.5	1.9	1.8	1.8
インターネット広告費	22290	27052	30912	121.4	114.3	36.2	39.8	43.5
媒体費	17567	21571	24801	122.8	115.0	28.5	31.7	34.9
うちマス四媒体由来のデジタル広告費	803	1061	1211	132.1	114.1	1.3	1.6	1.7
新聞デジタル	173	213	221	123.1	103.8	0.3	0.3	0.3
雑誌デジタル	446	580	610	130.0	105.2	0.7	0.9	0.9
ラジオデジタル	11	14	22	127.3	157.1	0.0	0.0	0.0
テレビメディアデジタル	173	254	358	146.8	140.9	0.3	0.4	0.5
テレビメディア関連動画広告	170	249	350	146.5	140.6	0.3	0.4	0.5
物販系ECプラットフォーム広告費	1321	1631	1908	123.5	117.0	2.1	2.4	2.7
制作費	3402	3850	4203	113.2	109.2	5.5	5.7	5.9
プロモーションメディア広告費	16768	16408	16124	97.9	98.3	27.2	24.1	22.7
屋外	2715	2740	2824	100.9	103.1	4.4	4.0	4.0
交通	1568	1346	1360	85.8	101.0	2.6	2.0	1.9
折込	2525	2631	2652	104.2	100.8	4.1	3.9	3.7
ＤＭ(ダイレクトメール)	3290	3446	3381	104.7	98.1	5.3	5.1	4.8
フリーペーパー	1539	1442	1405	93.7	97.4	2.5	2.1	2.0
POP	1658	1573	1514	94.9	96.2	2.7	2.3	2.1
イベント/展示/映像ほか	3473	3230	2988	93.0	92.5	5.6	4.7	4.2

思います。広告代理店大手の電通が作成した、2005年から2022年までの日本の広告費の総額をグラフにしたものが図9-1です。この期間では最低でも年間約5兆7千億円、最高だと2022年の7兆1千億円あまりとなっています。ともかく膨大な額の金額が動いていることがわかるでしょう。

●広告の種類の変化

　一般的にはオリンピックやサッカーワールドカップといった、世界レベルで人気のあるイベントが開催される年の前の広告費に多額のお金が投じられていると言われますが、インターネットが普及してからは必ずしもそうではないようです。そこで同じく電通が調査した種類別の広告費が表9-1です。

　2020年から2022年までのデータであり、コロナ禍という特殊な状況を反映しているため、それ以前の2017年から2019年のデータも示すことにします（表9-2）。

　両方のグラフからわかることは、明らかに広告がインターネットメディアに

表9-2　日本の媒体別広告費（2017～2019年）[5]

媒体 ＼ 広告費	広告費（億円）			前年比（%）		構成比（%）		
	2017年	2018年	2019年	2018年	2019年	2017年	2018年	2019年
総広告費	63907	65300	69381	102.2	106.2	100.0	100.0	100.0
マスコミ四媒体広告費	27938	27026	26094	96.7	96.6	43.7	41.4	37.6
新聞	5147	4784	4547	92.9	95.0	8.1	7.3	6.6
雑誌	2023	1841	1675	91.0	91.0	3.2	2.8	2.4
ラジオ	1290	1278	1260	99.1	98.6	2.0	2.0	1.8
テレビメディア	19478	19123	18612	98.2	97.3	30.4	29.3	26.8
地上波テレビ	18178	17848	17345	98.2	97.2	28.4	27.3	25.0
衛星メディア関連	1300	1275	1267	98.1	99.4	2.0	2.0	1.8
インターネット広告費	15094	17589	21048	116.5	119.7	23.6	26.9	30.3
マス四媒体由来のデジタル広告費		582	715		122.9		0.9	1.0
新聞デジタル		132	146		110.6		0.2	0.2
雑誌デジタル		337	405		120.2		0.5	0.6
ラジオデジタル		8	10		125.0		0.0	0.0
テレビメディアデジタル		105	154		146.7		0.2	0.2
テレビメディア関連動画広告		101	150		148.5		0.2	0.2
物販系ECプラットフォーム広告費			1064					1.5
プロモーションメディア広告費	20875	20685	22239	99.1	107.5	32.7	31.7	32.1
屋外	3208	3199	3219	99.7	100.6	5.0	4.9	4.6
交通	2002	2025	2062	101.1	101.8	3.1	3.1	3.0
折込	4170	3911	3559	93.8	91.0	6.5	6.0	5.1
ＤＭ（ダイレクトメール）	3701	3678	3642	99.4	99.0	5.8	5.6	5.3
フリーペーパー・電話帳	2430	2287	2110	94.1	92.3	3.9	3.5	3.1
POP	1975	2000	1970	101.3	98.5	3.1	3.1	2.8
イベント／展示／映像ほか	3389	3585	5677	105.8	158.4	5.3	5.5	8.2

（注）2019年の総広告費は、「日本の広告費」における「物販系ECプラットフォーム広告費」（1,064億円）と「イベント」（1,803億円）を追加推定した。前年同様の推定方法では、6兆6,514億円（前年比101.9%）となる。

シフトしてきていること、そして「マス四媒体」と呼ばれる新聞・ラジオ・テレビ・雑誌の４つのメディアにおける広告費が下がってきていることです。しかしながら、単純に広告費がインターネットに移ってきているという問題ではありません。テレビCMでたびたび「続きはWebで！」と出てくるのを見たことがある人もいるでしょう。テレビCMという、15秒や30秒では伝えきれない情報をインターネットで補完するという広告戦略を採っているわけです。もしくはスマホから見ることのできるインターネットでじっくり見てもらうために他のメディアからインターネットへ誘導する、という戦略でもあるでしょう。いずれにせよ、広告は商品やサービスがあることをまず知ってもらうためのきっかけです。商品を作っても、売られている、これから売られることを消費者に知ってもらわなければ意味がありません。また、お店で目にしたとしても広告を見たことのない商品は手に取ってもらえる可能性が低いでしょう。広告が多様化し、あらゆるところで目に触れる機会が増えたのは、メディアが多様化

したこととも関連があるのです。

メディア・リテラシーの観点から広告を「読む」

　前項で広告の種類に触れた際、さまざまな広告の形態があることに驚いたと思います。ラジオ広告のような音声のみの広告もありますが、基本的には雑誌広告やポスター形式の広告のような二次元の広告か、テレビCMのような三次元（動画）の広告が普段よく目にする広告ではないでしょうか。若者のテレビ離れが叫ばれる昨今にあっても、小学生から高校生までは朝起きてから登校するまでの時間、そして夕食をとる時間などにはテレビがついており、「ながら見」やテレビ音声を「聴いている」ことが多いことでしょう。それゆえテレビCMがなんとなく意識の片隅にあるのではないでしょうか。また、YouTubeなどのインターネットサイトを利用する際には、無料で視聴できる代わりに広告が最初や途中で流れることが多々あります。どのような形態にせよ、広告は短く限られた空間と時間のなかで、読者や視聴者に少しでも興味を持ってもらわなければいけません。特に時間の経過とともに流れていく動画は15秒や30秒といった制約の中でできる限り意味のある情報を盛り込もうと工夫を凝らしているものが多くあります。

　私たち日本人の多くは、小学校から高校までの学校教育において、動画を「読む」ということを学んでいません。日本の国語教育は原則として活字の教育であるためです。しかしメディア・リテラシーを教えている海外の国々、特にイギリスやカナダ、オーストラリア、アメリカといった英語圏の国々では、「言語」（日本の「国語」）の授業で画像や動画といった活字以外の記号（情報を伝えるための要素）についても学校教育で教えています。一般的には「メディア言語（media language）」と呼ばれています。[6] このメディア言語の考え方を使えば、雑誌広告のような二次元の広告や、ウェブ・テレビCMのような動画広告を「読む」ことが可能になります。ニュースやスポーツ番組、ドラマや漫画などもメディア言語を使えばメディア・リテラシーの観点で「読む」ことが可能ですが、本章のテーマである広告を例に、メディア言語を使った読み方を学んでいきましょう。

　ここでは、化粧品メーカーであるコーセーの「コスメデコルテ」という商

品のウェブ・テレビCMを例にして考えてみましょう。このCMはメジャーリーガーの大谷翔平選手を起用したことでも話題を呼びました。この30秒のCMは、大谷選手の顔のアップを多用したり、大谷選手自身の声で「やることをやってきたか」と自問自答するようなナレーションを入れたり、全体的に穏やかなBGMを挿入していたり（商品が登場するあたりでBGMが少し盛り上がる）、全体的に暗めの洗面台のような場所で大谷選手の顔と洗面台と照明は白く光り輝いていたりします。また、鏡と向き合う大谷選手が鏡に映った自分の顔に手を差し出すと、鏡に映った自分と互いに頬を触れ合うという、特殊な演出も目を引きます。このように、例えばカメラワーク（カメラの動き）やカメラアングル（被写体をどの角度から映すか）、カメラサイズ（カメラと被写体の距離）といった何をどのように映すのかという視点、ナレーションの声色やBGMの曲調といった音声の視点、どのような設定・ストーリーなのかという状況設定の視点、などといった動画に関係するさまざまな視点から動画を分析することが可能です。

　なお、分析の仕方に「答え」はありません。動画からわかることや、広告を出している企業（広告主）、広告に出てくる人物等の事実を根拠にして「自分はどのように読み解いたのか」を考えることが大切です。最近ではCMのメイキング映像をウェブサイトで見ることもできる場合があるなど、制作の裏側や演出の意図を視聴者に知らせる取り組みも見られます。「コスメデコルテ」に関しても、コーセーの小林一俊社長が朝日新聞の取材に対して

> 「人口減少が進むなか、せまいターゲット層に物を売るより、性別も年齢も幅を広げてジェンダーレス、ジェネレーションレスに売っていこうと考えています。老若男女に愛される大谷選手は、その考えにちょうどマッチするのではないかと思いました。意外性も狙いの一つです。今まで野球選手が化粧品の広告に出たことはおそらくないですよね[7]」

という発言をしています。しかしこの発言は小林社長の意図であっても、すべての消費者がその意図通りに行動するわけではありませんし、すべての消費者が意図通りに広告を読み取ってくれるという保証もありません。制作者の意図

は「正解」ではなく、CMを読み解くための一つの資料にすぎないのです。

　このように広告は短い時間と空間のなかでさまざまな情報を伝えようとするものであり、メディア・リテラシーを用いて情報を意識的に読み解くためのよい教材となります。

深掘りメモ　　　**メディア言語**

情報を伝えるために用いられるあらゆる形態の記号のこと。例えば活字や音声、映像といったもの。映像や音声は映し方や映るもの、ナレーションやBGM、効果音など、記号の中身はさまざまである。また時代や文化によっても伝わる意味は変化する可能性がある。

---

② キャッチコピー

キャッチコピーとは

　キャッチコピーは、一般的には広告（ポスターやCMなど）において、読者や視聴者を惹きつけるために使われる短い文章のことです。例えば前節で取り上げたコーセーの化粧品の広告では、「肌を整える。それは自分と向き合うこと。」というキャッチコピーが使われています。広告・宣伝の表現では、それによって作り出されるイメージが、その表現によって指されているはずの実物よりも、良いものであると判断されることが肝要です。もし実際に販売される商品やサービスが、広告・宣伝の表現によって作り出されるイメージよりも劣っていると消費者が気づいてしまえば、商品やサービスを買ってもらえないかもしれません。消費者にそのことを気づかせないための一番よい方法は、消費者の注意が商品やサービスそのものではなく、商品やサービスにつけられた広告・宣伝の言葉に惹きつけられており、その惹きつけられている状況が続いている間に商品やサービスの購入が行われることです[8]。ある意味、キャッチコピーは商品やサービスそのものよりも、その商品やサービスのイメージを販売し

ていると言えるでしょう。

広告のテクニックとしてのキャッチコピー

　キャッチコピーは広告における一つのテクニックです。キャッチコピーに見られるように、広告は極めて入念な準備を経て世の中に出てきます。例えば、どのような人にその商品やサービスを購入してほしいのか、どのような時にその商品やサービスが望まれるのか、など、マーケティングを行い、広告戦略を練った上で表現のテクニックと組み合わされ、作られます。そのため技術的、芸術的であることはある意味当然です。池上嘉彦は、キャッチコピーと詩を比較して、言語的な表現にどのような相違があるのかを論じています。キャッチコピーが人を惹きつけるのは、それがある種の芸術作品であるからかもしれません。

　人々の関心を広告に惹きつけるために、キャッチコピーは効果的な役割を果たすと考えられています。このように、人々の関心や興味を惹きつけようとする考え方をアテンションエコノミーと言います。広告戦略がインターネット、とりわけSNSにシフトしている状況において、少しでもユーザーの関心をSNSに釘づけにして、広告をできる限り多く目にしてもらおうとするのです。

　第7章でステレオタイプについて学びましたが、人々の関心や興味を惹きつける際にステレオタイプを利用することも珍しくありません。人々が既に持っているステレオタイプを利用することにより、情報の理解がスムーズになることもありえます。ただし、悪い意味でのステレオタイプの利用には批判もあり

深掘りメモ　**アテンションエコノミー**

アテンションエコノミーとは、人々の注目や関心が経済的価値を持ち、それ自体に貨幣的意味や重要性を持つという経済学の概念である。1969年にアメリカの心理学者・経済学者であるハーバート・サイモンが基礎的な考え方を提唱し、1997年にアメリカの社会学者マイケル・ゴールドハーバーがサイモンの説を発展させ、アテンションエコノミーと名づけた。

ます。例えばアメリカ大統領選挙でしばしば行われる「ネガティブ・キャンペーン」はそのひとつです。選挙の対立候補の悪いイメージを徹底的に宣伝することで、当選させたい候補のイメージを相対的に上げるという広告戦略です。

キャッチコピーを読み解く

　キャッチコピーを作る時に、ステレオタイプを用いるという方法は一般的に行われていることで、一概にそれが悪いというわけではありません。広告においては、まず相手に見てもらったり読んでもらったりしないと話にならないため、その言葉やイメージだけですぐにわかってもらえるような（見た人・読んだ人が食いついてくれるような）キャッチコピーにすることは重要です。メディア・リテラシーの学習者には、キャッチコピーを読むだけでなく、情報発信する時に自らも読者や視聴者を惹きつける表現ができればよいですし、読み解く際にはそのように作られていることを意識して読み解いていくことができるようになってほしいと思います。

参考・引用文献
（1）実用日本語表現辞典：「広告」https://www.weblio.jp/content/%E5%BA%83%E5%91%8A（参照2023-09-30）
（2）カナダ・オンタリオ州教育省編（FCT訳）：『メディア・リテラシー マスメディアを読み解く』リベルタ出版（1992）
（3）「トリチウムをキャラ化、批判受け削除　復興相『分かりやすいと思った』」. 朝日新聞. 2021-04-17, 朝刊, p. 7
（4）電通：「2022年日本の広告費」https://www.dentsu.co.jp/news/release/2023/0224-010586.html（参照2023-08-28）
（5）電通：「2019年日本の広告費」https://www.dentsu.co.jp/news/release/2020/0311-010027.html（参照2023-08-28）
（6）D. Buckingham：*Media Education: Literacy,Learning and Contemporary Culture*, Polity Press（2003）
（7）「Leader's View インタビュー コーセー・小林一俊社長」. 朝日新聞. 2023-08-26, 朝刊, p. 6
（8）池上嘉彦：『ことばの詩学』岩波書店（1982）

IV

嘘の情報や
情報操作に対して
まどわされないようにする

フェイクニュース

後藤 心平 (ごとう しんぺい)

多様なフェイクニュース

フェイクニュースとは何か？

　フェイクニュースの代表的な事例として挙げられるものの一つに、2016年のアメリカ大統領選挙の候補者に関する虚偽情報があります。具体的には、候補者であったヒラリー・クリントン氏が児童虐待の組織に関わっているという情報や、同じく候補者であったドナルド・トランプ氏をローマ法王が支持しているといった情報がSNS上にあふれ、虚偽であったにもかかわらず多くの人が信じることとなり、選挙戦に影響を及ぼした可能性があると言われました[1]。この出来事は、民主主義を脅かすおそれがあるとして、世界に衝撃を与えました。また、2020年2月以降は、新型コロナウイルスに関する多くのフェイクニュースが行き交い、「こまめに水を飲むと新型コロナウイルス感染症予防に効果がある」といった情報を信じてしまった人や、正しい情報かどうかわからなかった人がいました。このようなフェイクニュースに対応するための能力としてメディア・リテラシーが注目され、その重要性があらためて叫ばれています。この章では、フェイクニュースがいかなるものなのか、そして、なぜ生み出されるのかを理解することを通して、フェイクニュースを見極めるために必要なメディア・リテラシーを身につけます。

　フェイクニュースの意味を辞書で調べると[2]、「主に、ウェブサイトやSNSで発信・拡散される、真実ではない情報。時に、マスメディアが発信する不確実な情報についていうこともある」と書かれています。しかし、実際には、嘘や

デマ、陰謀論（さまざまな社会的・政治的出来事が、秘密結社、政府、大手企業といった"隠れた権力者"による陰謀によって引き起こされたものだとされる主張[3]）やプロパガンダ（特に、ある政治的意図のもとに主義や思想を強調する宣伝[2]）、誤情報や偽情報、扇情的なゴシップ（個人的な事情についての、興味本位のうわさ話[2]）やディープフェイク（人工知能など高度な合成技術を用いて作られる、本物と見分けがつかないような、にせものの動画[2]）、そして、これらの情報がインターネット上を拡散して現実世界に負の影響をもたらす現象そのものも、フェイクニュースという言葉でひとくくりにされています[4]。また、人の見方によって、フェイクニュースかどうかの判断が分かれるものもあり、実際にはフェイクニュースではないものがフェイクニュースだと言われることもあります。例えば、自分にとって都合の悪い情報に対して、「それはフェイクニュースだ」と言う人もいます。また、マスコミが報道したニュースを批判する際に用いられることもあります[5]。このように、フェイクニュースは、伝え方や内容の問題にとどまらず、社会的な背景、送り手の思惑、受け手の見方など、さまざまな事柄が複雑に絡み合っており、理解するためには、存在する情報と、それを取り巻く環境とを包括して考える必要があります。

② フェイクニュースの分類

前節で学んだように、フェイクニュースは多様であることから、作られる動機もさまざまです。フェイクニュースに関する先進的な研究、教育に取り組んできたアメリカの非営利団体「ファースト・ドラフト（First Draft）」は、フェイクニュースがいかなるものであるのかを理解しやすくするために、フェイクニュースのタイプと、それらがどのような動機で作られているのかを分類しています[6]。

以下は、フェイクニュースのタイプを7つに分類し、その内容を説明したものです（日本語訳は筆者）。「1．風刺かパロディー」が、騙そうとする意図が最も弱く、下にいくにしたがって騙そうとする意図が強くなり、一番下の「7．捏造された内容」が、騙そうとする意図が最も強いということになります。

7タイプに分類されるフェイクニュース

1. **風刺かパロディー**

→害を加える意図はないが、騙す可能性がある

2. **誤って関連づけられている**

→内容と関係のない見出し、写真、写真に添える短い説明文がついている

3. **ミスリードする内容**

→ある情報を誤った方法で用いて誤解させる

4. **虚偽の文脈で語られた内容**

→正しい内容が虚偽の文脈と共有されている

5. **偽った内容**

→ある情報源になりすましている

6. **操作された内容**

→騙そうとして情報やイメージを操作している

7. **捏造された内容**

→完全なる虚偽で、騙して害を与える

　また、表10-1は、7つに分類されたフェイクニュースが、どのような動機で作られているのかを表したものです。表の左側に縦並びで示してあるのが動機で、8つに分類されています。フェイクニュースのタイプによって、作られる動機が複数該当するものもあります。

　「1. 風刺かパロディー」は、何かについて遠回しに皮肉ったり、あざわらうかのような表現で批判したり（風刺）、広く知られている作品の特徴をとらえて面白おかしく作りかえる（パロディー）といった内容です。これらは、情報の受け手が送り手の意図を理解していれば問題にはなりません。例えば、「世界遺産に『地球』登録　ユネスコ」という見出しのニュースを見た時、この情報の発信元がパロディーニュースで知られ、実際にありそうで、実は存在しないネタをニュースとして掲載している「虚構新聞」のウェブサイトであることがわかれば、驚くことはないでしょう。ただし、度が過ぎた内容であった場合、

表10-1　フェイクニュースのタイプ別の動機[6]

	風刺かパロディー	誤って関連づけられている	ミスリードする内容	虚偽の文脈で語られた内容	偽った内容	操作された内容	捏造された内容
お粗末なジャーナリズム		✓	✓	✓			
パロディーのため	✓				✓		✓
挑発かいたずら					✓		✓
感情				✓			
党派心				✓			
利益		✓					✓
政治的影響力			✓	✓		✓	✓
プロパガンダ			✓	✓	✓	✓	✓

受け手を混乱させる可能性はあります。

「2．誤って関連づけられている」は、インターネット検索をした際に、気になった見出しが表示されたのでクリックしたところ、見出しとは関係のない内容のウェブサイトにアクセスさせられるようなケースです。このように、情報の受け手の興味や関心を刺激して「読みたい」と誘導する見出しを「釣り見出し」と言います。「釣り見出し」を作る動機としては、アクセスさせたウェブサイトに掲載した広告を閲覧させて収入を得たいということがあります。マスコミから提供されたニュースが閲覧できるポータルサイトの中には、利用者が閲覧する数を増やすために、刺激のある言葉を用いて見出しを作ることがあり、中には、見出しとニュースの内容がかけ離れていて問題となる事例があります（特に芸能ニュース）。また、詐欺を目的としたウェブサイトもあるので、注意が必要です。なお、ポータルサイトとは、インターネットを利用する際に入り口となる商用のウェブサイトのことで、検索エンジンによるサービスを中心に、ニュースなどの情報提供サービス、電子掲示板などの機能を備えています。日本の代表的なポータルサイトは「Yahoo! JAPAN」「livedoor」「goo」「Infoseek」などです。[8]

「3．ミスリードする内容」は、事実らしい内容に見えて、実際には事実と異なっていて、受け手を誤解させたり、判断を誤らせたりするケースです。例えば、「外国人留学生は学費免除の他、生活費として別に13万円程度が我々の税金から支給されます（返済不要）。これは日本人差別である」というSNSで発信された情報が拡散したとします。これを文面通りに受け止めたとしたら、日本に留学している外国人を、よく思わない人が出てくるかもしれません。たしかに、日本には政府が外国人留学生に対して、学費を免除したり、毎月十数万円の奨学金を支給したりする「国費外国人留学生制度」があります。ただし、この制度で奨学金を受けているのは、日本に留学している外国人留学生全体の数％[9]です。ということは、発信された内容は正しい部分もあれば、そうでない部分もあり、なおかつ、受け手を誤解させる可能性があると言えます。中には、悪意を持ってミスリードして誤解させたり、判断を誤らせたりするものもあります。

　「4．虚偽の文脈で語られた内容」、「5．偽った内容」、「6．操作された内容」、「7．捏造された内容」は、事実をねじ曲げたり、偽の事実を提示したりしていて、送り手に騙そうとする意図があるケースです。その多くが、政治的な影響を与えることを目的としたプロパガンダだと考えられます。刺激的な内容で人々をあおって社会を分断させる要因となっています。これらに分類される代表的なものが、冒頭で触れた、2016年のアメリカ大統領選挙の際に氾濫したフェイクニュースです。日本国内でも2018年の沖縄県知事選挙の際に、特定の候補者をおとしめるフェイクニュースがSNS上を飛び交い、投票行動に影響した人がいた可能性は排除できません。これらの類のフェイクニュースは、遠い国での話ではなく身近なものとしてとらえる必要があるでしょう。

③ フェイクニュースの拡散の仕組みと見極め

拡散とSNSの特性の関係

　フェイクニュースが拡散する背景には、インターネットやSNSの特性が関係

しています。SNSは、インターネットを利用できる端末さえあれば、誰でも費用も労力もかけずに情報を発信し、短時間で多くの人と共有することができます。世界中で、いつ何時も利用者が情報を収集したり、閲覧したりしているため、情報は広範囲に、かつ迅速に伝わります。それだけに、情報内容が及ぼす影響は大きくなります。

　そして偽情報は正しい情報よりも、より早く、より広く拡散する特性があります。人は虚偽情報に対して目新しさを感じやすく、また、驚き、恐れ、嫌悪などの感情を抱いて他人と共有したくなる、つまり拡散したくなる傾向があります。また、ボットが拡散に加勢し、同じような情報がSNS上を行き交うことになると、その情報を何度も目にした人は真偽を確認せずに信じてしまうということが起こりやすくなります。ボットとは、自動で興味のある情報を得たり、得た情報を引用して再投稿したりできるプログラムのことです。

　さらに、第12章で学ぶように、インターネット利用のプロセスでは、アルゴリズムにより利用者個人の検索やクリック（「いいね！」など）の履歴を分析し、それら履歴に関連した情報を推測して表示されるようパーソナライズします。このため、自分の興味、関心、意見に近い情報ばかりが表示されるようになり（エコーチェンバー）、それ以外の情報と出会いにくくなります（フィルターバブル）。そのようなことから、1つの考えを伝えた情報についての多様な視点に触れられず、他の意見や考えと比較しないまま鵜呑みにしてしまい、また、他の人と共有するということが繰り返されていく可能性があります。

　以上のように、フェイクニュースが拡散する要因には、SNSの特性に加えて、利用する私たち人間の心理的な作用が絡み合っていることがわかります。

フェイクニュースを見極める

　まず、フェイクニュースを見極める以前に心掛けたいのが、前項で学んだように、偽情報は正しい情報よりも、より早く、より広く拡散する特性があることを理解し、特に目新しさを感じる情報に対しては感情的にならず、冷静になって向き合うということです。そのような姿勢で情報を評価していきます。

　情報を評価するには、いくつかのポイントに着目する必要があります。アメリカでメディア・リテラシー教育を行っているニュージアム・イーディ

ー（NewseumED）が提供している教材「エスケープ・ジャンクニュース[11]（E.S.C.A.P.E. Junk News）」には、情報を評価するための6つの重要な概念が示されています。「E.S.C.A.P.E.」は、「Evidence（証拠）」「Source（情報源）」「Context（背景）」「Audience（読者）」「Purpose（目的）」「Execution（完成度）」の頭文字です。文字通り、ジャンク（役に立たない、がらくた）なニュースからエスケープ（逃げる）するためのポイントです（図10-1）。

　「証拠」では、事実かどうかを確かめるためには、例えば、情報に書かれている数値データの示し方や、その根拠の有無などに着目して調べていきます。「情報源」では、情報を発信している人の氏名や団体名は示されているのか、それらの人や団体はどのような立場にあるのか、また、利益を必要とする立場にあるのかなどに着目して調べていきます。「背景」では、情報の全体像がどうなっているのか、その情報によって誰かに政治的、財政的、文化的な利害が及ぶのかどうかなどに着目して調べていきます。「読者」では、誰に見てもらいたくて書かれた情報なのかを、用いられている言葉や画像などの内容に着目して調べていきます。「目的」では、その情報が何のために作られたのか、利益を得ようとしているのか、なんらかの目標が書かれているのか、何かに誘導するような書き方がされていないのかなどに着目して調べていきます。「完成度」では、情報の作り方に着目し、全体的なスタイルから言葉の使い方まで細かく確認し、不完全なところがないかを調べていきます。

　実際にSNS上で問題となったフェイクニュースに、「エスケープ・ジャンクニュース」の6つの情報評価ポイントに照らし合わせて情報を評

図10-1　E.S.C.A.P.E. Junk News[11]

価していくことを通して、フェイクニュースを見極めるメディア・リテラシーを磨いていきましょう。

ファクトチェックとは

前項で学んだ方法で私たち自身が情報を評価することは、インターネット、SNSを利用する中で時々できることであり、個人であらゆるフェイクニュースを探し出すことには限界があります。

当然のことながら、フェイクニュースが社会問題とまで言える状況にあって、SNSサービスを運営するプラットフォーム企業が何も対策をしないわけにはいきません。現在では、投稿された情報の真偽を判断する第三者機関を設けて、怪しいとされた情報には警告し、フェイクニュースを掲載しているウェブサイトへは広告を出さないといったこと決めています。

さらに、非営利団体やジャーナリストなどが、情報の真偽を確認するファクトチェックを行っています。日本でも2017年に、国内初の本格的なファクトチェック機関として、FIJ（特定非営利活動法人ファクトチェック・イニシアティブ）が設立され、国内におけるファクトチェックの推進、普及を主導しています。FIJでは、ファクトチェックについて「社会に広がっている情報・ニュースや言説が事実に基づいているかどうかを調べ、そのプロセスを記事化して、正確な情報を人々と共有する営み[12]」と説明しています。真偽を判断するだけではないということです。

毎日新聞や朝日新聞といったマスコミや、主要なインターネットメディア企業もパートナーとして参画し、FIJが作成したガイドラインを活用してファクトチェックを行い、その内容を公開しています。このガイドラインの中には、レーティング基準が示されています。レーティングとは、ファクトチェックの内容を記事として公開する際に表記する、真実性・正確性の評価・判定のことです。そして、このファクトチェック自体も正しく行われる必要があります。そのために、「ファクトチェックは、特定の主義・主張や党派・集団等を擁護、あるいは批判する目的で行うものではない[12]」という原則が設けられています。

表10-2　レーティング基準[(12)]

正確	事実の誤りはなく、重要な要素が欠けていない。
ほぼ正確	一部は不正確だが、主要な部分・根幹に誤りはない。
ミスリード	一見事実と異なることは言っていないが、釣り見出しや重要な事実の欠落などにより、誤解の余地が大きい。
不正確	正確な部分と不正確な部分が混じっていて、全体として正確性が欠如している。
根拠不明	誤りと証明できないが、証拠・根拠がないか非常に乏しい。
誤り	全て、もしくは根幹部分に事実の誤りがある。
虚偽	全て、もしくは根幹部分に事実の誤りがあり、事実でないと知りながら伝えた疑いが濃厚である。
判定留保	真偽を証明することが困難。誤りの可能性が強くはないが、否定もできない。
検証対象外	意見や主観的な認識・評価に関することであり、真偽を証明・解明できる事柄ではない。

ファクトチェックの方法

　ファクトチェックの基本的なルールは次のようになっています。まず、事実と意見は区別し、個人の価値観に基づく意見などはファクトチェックの対象とはしません。また、調査によって収集・入手可能な証拠に基づいて検証できるものを対象とします。そして、ファクトチェックした情報を記事として公開す

深掘 り メ モ　　　**ファクトチェック**

ファクトチェックには国際基準がある。IFCN（国際ファクトチェックネットワーク）では、「非党派性と公正性」「情報源の基準と透明性」「資金源と組織の透明性」「検証方法の基準と透明性」「オープンで誠実な訂正方針」の5つを原則としていて、IFCNに加盟するFIJも、これに準拠している。

る際は、次の３つの要素を含めます。

　１つ目は、ファクトチェックの対象とした言説・情報そのものです。公開の場で不特定多数に向けて発せられた公益にかかわる言説・情報で、社会的に影響が大きく、真偽検証する意義のあるものを選びます。

　２つ目は、真偽検証に用いた証拠（事実関係の調査結果、取材内容）です。ファクトチェック記事を読んだ人も、記事で示した証拠を確認できるようにしなければなりません。

　３つ目は、事実関係の調査結果を踏まえて、ファクトチェックの対象とした言説・情報が、「正確」なのか、「不正確」なのか、「ミスリード」なのか、といった評価・判定（レーティング）を示さなければなりません。

　レーティングの内容からもわかるように、フェイクニュースには、「虚偽」だけでなく、「正確な部分と不正確な部分が混じっている」や「一見事実と異なることは言っていないけど、釣り見出しや重要な事実の欠落によって誤解される可能性がある」「誤りと証明できないけど、証拠や根拠がない、あるいは極めて乏しい」といったものもあります。よって、フェイクニュースかどうかの判断は、「本当」か「嘘」かだけでなく、それ以外のさまざまな視点で読み解いていくメディア・リテラシーが必要となります。

参考・引用文献

（１）平和博：『信じてはいけない 民主主義を壊すフェイクニュースの正体』朝日新聞出版（2017）
（２）goo辞書：「デジタル大辞泉（小学館）」 https://dictionary.goo.ne.jp/jn/（参照2023-09-02）
（３）縄田健悟, 大賀哲, 藤村まこと：「COVID-19に関する陰謀信念がもたらす感染防止政策の否定と感染リスク行動：感染リスク軽視の媒介的影響」『実験社会心理学研究』Vol.62（2）, pp.182-194（2023）
（４）笹原和俊：『フェイクニュースを科学する―拡散するデマ、陰謀論、プロパガンダのしくみ』化学同人（2018）
（５）総務省：令和元年版情報通信白書 第1部 特集 進化するデジタル経済とその先にあるSociety 5.0 第4節 デジタル経済の中でのコミュニケーションとメディア 4 フェイクニュースを巡る動向「フェイクニュースとはどのようなものか」（2019）https://www.soumu.go.jp/johotsusintokei/whitepaper/ja/r01/html/nd114400.html（参照2023-09-03）
（６）Wardle, C.：“Fake news. It's complicated”（2017）http://firstdraftnews.org/fake-news-complicated/（参照2023-09-03）
（７）虚構新聞（2017-10-25）：「世界遺産に『地球』登録 ユネスコ」 https://kyoko-np.net/2017102501.html（参照2023-09-07）
（８）コトバンク：「IT用語がわかる辞典（講談社）」 https://kotobank.jp/dictionary/ityougo/（参照2023-09-07）
（９）独立行政法人日本学生支援機構 Study in JAPAN：「2022（令和４）年度外国人留学生在籍状況調査結果」https://www.studyinjapan.go.jp/ja/statistics/zaiseki/data/2022.html（参照2023-09-09）
（10）Vosoughi, S., Roy, D., & Aral, S,：“The Spread of True and False News Online”, Science, 359（6380）, pp.1146-1151（2018）
（11）E.S.C.A.P.E. Junk News：「NewseumED」https://newseumed.org/
（12）特定非営利活動法人ファクトチェック・イニシアティブ：「ファクトチェックとは」（2019）https://fij.info/（参照2023-09-09）

読者投稿型サイト

鶴田 利郎(つるた としろう)

 ## 読者投稿型サイト

読者投稿型サイトの種類

　一般的にウェブサイトやホームページには、作った人が伝えたい情報が掲載されています。個人の趣味を発信するものから企業の宣伝をするサイトまで、サイトの作成者から読者への一方向的な情報発信が目的です。一方で、サイトの読者が誰でも自由にアップすることができ、その情報を他の読者が閲覧することができる、情報交換の場となるサイトを「読者投稿型サイト」といいます。この読者投稿型サイトは、利用者同士が情報を投稿し合って作り上げられます。

　例えば、

①日常の疑問をアップして読者が自由に答えを書き込めるQ＆A方式のサイト（例：Yahoo! 知恵袋、OKWave）

②店や商品の情報などについて写真や感想を自由に書き込めるサイト（例：ぐるなび、アットコスメ）

③読者が記事を書くことで情報をまとめている百科事典の類い（例：ウィキペディア、ウィキトラベル）

④読者がさまざまな話題について書き込むことができる掲示板（例：２ちゃんねる［現在の５ちゃんねる］、ジモティー）

など、さまざまです。

　読者投稿型サイトの特徴は、誰でも自由に記事の編集ができること、起こったことをすぐに誰かが書き込むため、情報更新が早いという点が挙げられます。

図11-1
さまざまな
読者投稿型サイト

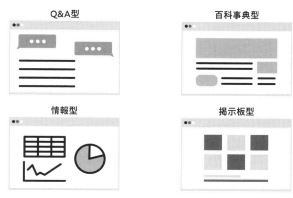

一方、情報をチェックする専門家などがいないため、信憑性に欠ける記事もあることが注意点です。ただし多くの場合、別の人が記事を書き直したり、削除依頼をしたりして改善されます。

深掘りメモ　　　　　　　**信憑性**

ある情報によって影響を受ける際の、情報源（情報の送り手）に対する評価の一つで、専門性（専門知識を持っている等の能力に対する期待）と信頼性（知識を誠実に伝えるだろうという送り手の意図に対する期待）から構成される[(1)]。

●Yahoo! 知恵袋

「Yahoo! 知恵袋」は、Yahoo! JAPANが運営する日常のあらゆる疑問を他の利用者に向けて質問したり、それらの質問に回答することで、疑問を解決していく「知恵」の共有サービスです[(2)]。トップページの「質問・相談」から質問投稿フォームに移動し、質問の内容を入力します。回答してほしい人の属性（性別・年代）を指定する回答リクエストもここで設定することができます。投稿した質問に回答が付くとユーザーのアイコンに件数が数字で表示され、質問ページにて回答者に対するコメントの投稿やベストアンサーの決定を行います。ベストアンサーが選ばれた質問は「解決済み」となり、以降のコメントはできなくなります。

このYahoo! 知恵袋は約20年の歴史があり、多くのユーザーとＱ＆Ａの数により有用性を発揮してきましたが、最近ではユーザー同士の罵倒、高圧的な投稿、揚げ足取り、誹謗中傷など、マナーを守らないユーザーが増えてきており、質の低下が懸念されています。ちなみに、同じYahoo! JAPANが運営するYahoo! ニュースに設置されている「コメント欄」の問題の一つとして津田大介氏⁽³⁾は、立教大学の木村忠正教授とヤフー・ニュースとで行われたコメント欄に関わる共同調査結果（朝日新聞　2017年４月28日朝刊）を受け、「コメントの多くが民族差別などに裏打ちされた排斥意識の強いものである」ことを指摘しています。ユーザー一人一人の行動が、読者投稿型サイトの質につながっていることを意識して利用することが大切です。

●ぐるなび

　「ぐるなび」は、飲食店に関する情報を提供しているウェブサイトです。地域・最寄り駅（エリア）、店名・予算・料理のジャンルなどを踏まえ、希望する日付・時間・人数を入力して飲食店を検索することができます。また、各店のメニューを利用者が採点したランキングも掲載されています⁽⁴⁾。

●ウィキペディア

　「ウィキペディア」は、ウィキメディア財団が運営するインターネット上の百科事典です⁽⁵⁾。誰でも無料で閲覧でき、書き込みや修正ができるため、その正確さが課題とされていますが、2005年のNature誌の調査によると自然科学の項目に関する正確さはEncyclopedia Britannicaと遜色がなかったと言われています⁽⁶⁾。2001年に２人のアメリカ人によって英語版が開始され，その後各国語版が追加されました。2020年１月現在、言語数は300を超え、記事は総数5,190万件、最多の英語版で590万件を超え⁽⁶⁾、2023年９

図11-2　ウィキペディア

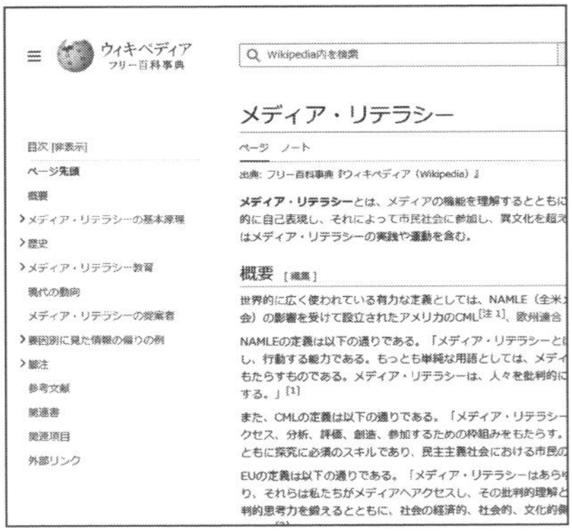

月時点で、日本語版の記事は138万件を超えています。[(7)]

●２ちゃんねる

　「２ちゃんねる」は、日本最大規模の掲示板サイトで、略して「２ちゃん」「２ch」とも表されます。時事問題から趣味、違法な行為にまで及ぶ幅広い話題を、匿名で自由に投稿ができる場として人気を博し、利用者が激増しました。「カテゴリ」と呼ばれる分野ごとに、「板（いた）」と呼ばれる大もとの掲示板が用意されており、そこから話題ごとに、利用者によって「スレッド（スレ）」という下位の掲示板が作られ、それぞれに書き込みがなされる仕組みとなっています。すべての掲示板が常時利用されているわけではありませんが、多くのスレッドのある板が数百も集まった状態になっています。利用者は匿名の「名無（なな）しさん」という名前で投稿することが基本的な使い方とされ、投稿内容は誰のものかもわからないまま、有用、無用にかかわらずやりとりが積み重なっていく独特の交流がなされています。[(8)]

図11-3　２ちゃんねる

② 信用できる情報かどうかを見極めるポイント

　この読者投稿型サイトは誰もが書き込める一方、専門家のチェックがないという点で、信憑性に欠けるところがあります。しかし、すべてが嘘の情報というわけでもありません。もちろん、載っている情報の出所を調べ、正しい情報かを確認することも必要ですが、信用できる情報はどのように見極めていけばよいでしょうか。ここでは、第４章でも取り上げた下村健一氏の「４つのギモン」[(9)]に添いながら考えていきましょう。

ギモン1　まだわからないよね？　結論を即断するな

　このギモン1は、初耳の情報を聞いて「なるほど」と思った時、安易にその情報を信じてしまわないようにしましょう、続報に接するたびに柔軟に修正していきましょう、という点がポイントでした。例えば、お店の写真や感想を自由に書き込めるサイトにおいて、自分が行きたいなと思っていた飲食店の口コミを見た時に、あるサイトでは評価が低く、厳しい評価が書かれていたとしましょう。みなさんならどうしますか。「このお店は評判が悪そうだから別のお店を探そうか」と考えますか？　それとも「たまたまこのサイトは厳しい評価のコメントばかりが載っているかもしれないので、別のサイトを見てみよう」「飲食は人によって好みがさまざまだから自分の舌で確かめてみよう」と考えますか？　人によって味の好み、店員に求めるものなどは多様ですから、安易に低い評価、厳しい評価コメントを鵜呑みにしない方がよいですね。

　またウィキペディアなどでは出典等をよく見て、原典にもあたりながら、書いてあることはどのくらい正確なのか、怪しくないかといったことを判断していくとよいでしょう。1つの情報源だけでなく複数の情報にアクセスし、他の資料とも照らし合わせながら判断することも大切です。

ギモン2　事実かな？　意見・印象かな？　ゴッチャにして鵜呑みにするな

　このギモン2では、記載されている情報について「どれが事実かな？」「どこが意見・印象かな？」と、事実と意見・印象を区別する点がポイントでした。先に挙げたある飲食店の低い評価、厳しいコメントを見た時にも、この考え方を活かすことができます。例えば、お店の外観、出された料理の写真などは「事実」と考えられます。しかし、「味が濃かった（薄かった）ので自分には合わなかった」「店員さんの振る舞いがよくなかった」といったコメントは、投稿した人の印象と考えられます。口コミのような読者投稿型サイトでは、投稿者がそのお店に行った際の「よかった」「よくなかった」という印象で、いかようにも評価コメントを書くことができます。その点を意識してさまざまな人が書いた評価を丁寧に見ていくとよいでしょう。

ギモン３　他の見え方もないかな？　１つの見方に偏るな

　このギモン３は、受け取った情報を意図的に順序、立場、重心などを変えて見直してみましょう、そうすると同じ出来事が、まったく違う姿で見えてくることがあります、というものでした。評価サイトによっては、例えば口コミや評価が投稿された時系列順、評価の高い順・低い順に並べ替えることができたり、投稿者の年齢や性別で評価を絞り込んだりすることもできます。どのような順で口コミや評価を見るかによって、受ける印象が変わってくるというのは言うまでもないでしょう。いろいろな角度から見ていくことで、しっかりと判断できるようになるとよいですね。

ギモン４　隠れているものはないかな？　スポットライトの周囲を見よ

　ギモン４は、そこで示されている情報の外側にも目を向けてみましょう、というものでした。読者投稿型サイトに掲載されている情報は、投稿した人の実体験、感想、考えなどがスポットライトとして掲載されているわけですが、掲載されていない周囲の情報もあります。あるお店の評価についても、お店に入ってからお会計までの流れを一部始終書くことはできません。悪い評価をしようとしている人がいれば、仮によい思いをしたことが少しでもあったとしても、そういったことは書かないでしょう。投稿されているコメントが必ずしもすべてではないということを意識し、周囲の情報にも目を向けられるようになると、違った見え方ができるかもしれません。

情報を的確に届けるためのポイント

　読者投稿型サイトは自分の周囲のことを投稿するSNSとは異なりますので、他の読者にとって有用な記事を投稿するために、次の３点のことを意識しましょう。⁽¹⁰⁾

●出典を載せること

　記事を書く時に、どこからその情報を持ってきたのか、はっきりと書く必要

があります。テレビで偶然知ったことなど、何でも書いてよいということではありません。信憑性のあるニュースや本、論文などに載っている情報でなければいけないということです。「○○の本に掲載されていた情報です」「○○の論文に書かれていました」とすると説得力が増します。

●特筆性を理解すること

特筆性とは、とりたてて注目する価値があるかどうかという意味です。つまり世の中に広く知られていることでないと、記事として役に立ちにくいということです。著名人（スポーツ選手、学者、芸能人）や、多くの人が知っているお祭り（青森ねぶた祭、東京神田祭り）などは特筆性が高いといえます。一方、自分が住んでいる町の町内会長さんや地元でこぢんまりと行われている行事、近所の草野球チームの記事を作っても、それを見る人はかなり限られると考えられます。このようなものは、特筆性が低いということになります。

●自分自身について書く時は中立的で公平になるように

自身のことについて書く時は、中立的で公平な記事になるよう心がけましょう。例えば店員が、自分の店のことについて書こうとすると、つい宣伝やアピールのようになってしまい、中立的で公平な記事になりにくいためです。評判や売り上げなどが気になって、つい店をアピールする情報が多くなってしまうことは想像しやすいと思います。

先に情報を的確に受け取るためのポイントとして「４つのギモン」を示していた下村氏は、情報を的確に届けるためのポイントとして「４つのギモンを自分に向けなおす」方法と「４つのジモン（自問）」も示しています。以下ではそれを取り上げ、信憑性のある記事を投稿するために意識すべきことについて考えていきましょう。

４つのギモンをそのまま自分に向けなおす

まずは「４つのギモン」を、「相手から入ってくる情報」だけでなく「自分が投稿する情報」にも当てはめてみます。４つのギモンを発信用に並べてみる

と次のようになります。

ギモン１　まだわからないよね？→発信を急ぐな！

　日常生活の中でやり取りする情報の中には、もちろん緊急性が問われるものもありますが、そこまで一刻を争う必要がないものも多くあります。誤報や虚報（偽りの情報）があっという間にインターネットの中で広がってしまう理由の一つに、受け取った人が確認をせず、すぐ次の人へ転送してしまうことが考えられます。投稿した内容が瞬く間に広がっても問題ないように、「まだわからないよね？」とつぶやいて、中身をしっかりと確かめてから送信ボタンを押すようにしましょう。

ギモン２　事実かな？　意見・印象かな？→なるべく仕分けして表現しよう

　投稿する際は、「これは事実です」という部分と「これは自分の意見・印象です」というものをしっかりと切り分け、それが相手に届くような表現を心がけましょう。例えば、飲食店の口コミを書く際に「今日、このお店で〇〇料理を食べました」と写真付きで投稿するものは事実として相手に伝わります。そこに「見た目は〇〇のような感じで、味つけは〇〇のように思いました」という文章を付け足せば、この部分は自分の意見・印象として相手に伝わりやすくなります。この方法を意識すると、事実が曲がらずに相手に届きやすくなります。

ギモン３　他の見え方もないかな？→なるべくいろいろな見方を伝えよう

　個人として投稿する際に、いつも中立である必要はありません。「私はこう考える」という一意見を発信することも問題ありません。ただ、その意見を持った根拠として「いろいろな見方を検討した結果だ」とわかるような表現をしましょう。そうしないと、相手（みなさんの発する情報を受け取る人）に偏った思い込みを植え付けるかもしれません。もしくは「あの人、ずいぶん狭い視野で判断しているな」と思われるかもしれません。

ギモン４　隠れているものはないかな？→スポットライトの周囲にも触れよう

　これはギモン３と同様、なるべく広い視野を持って発信した方が情報の説得力も増し、信頼性も高まるという考え方です。逆に、狭いスポットライトの中だけがすべてであるかのように受け取れる表現をしていると、「すべてがこうだと言うのか！」「そうは言っていない、揚げ足を取るな！」というような衝突を招くおそれがあります。せっかくの情報のやり取りが新たな対立を生む要因となってしまうので、気をつけましょう。

　以上を意識した上で、「４つのジモン（自問）」を見ていきましょう。

ジモン１　何を伝えたいの？　明確さ

　１つ目のジモンは、情報を発信する前に、まず「私はいったい何を伝えたいのか」をしっかり考えようというものです。情報を受け取った相手に何をわかってほしいのか、どうしてほしいのかを考えることによって、情報の発信の仕方、内容や表現が明確になります。これが定まらないまま、なんとなく提示された情報は、時に受け手を戸惑わせてしまうことになるかもしれません。

ジモン２　キメつけてないかな？　正確さ

　ジモン１で伝えたいことが明確になったら、次は最も肝心といえる表現の正確さです。これは「嘘を言ってはいけません」ということを言っているのではありません。自分は正直なつもりなのに、伝える時の表現の仕方によって、あるイメージの決めつけや押しつけになっていないか、それによって正確さが失われ結局不正確なことを言った、と同じことになっていないかを考えることなのです。例えば、すべてではないとわかっているのに「みんな○○だ」とか、決めつけになってしまうという自覚もなく「絶対○○だ」というような表現が挙げられます。「あの人、思い込んでるなぁ」と思われないように、表現や使う言葉には気をつけましょう。

ジモン３　キズつけてないかな？　優しさ

　相手をわざと傷つける言葉をぶつけることはもちろん論外です。しかし悪意

がない情報発信でも、無意識に相手を傷つけてしまうことがあります。「そんなつもりではなかったのに」と思う前に「この表現で誰かを傷つけていないか」を確認する習慣をつけましょう。例えば第4章や先で取り上げたギモン1の「まだわからないよね？」は、狭い思い込みから視野を広げる大切な言葉ではありますが、場面によっては相手を傷つけてしまう言葉となってしまいます。あるお店の口コミで何か問題が投稿された時に「あそこの店員さんは、そんなこと絶対しないよ」と書き込んだ人に対して「いや、まだわからないよね？」と言うと、何もしていない店員さんを追い詰める引き金となってしまいます。同じ言葉でも、よいように働く場面とそうでない場面がありますので、使う場面には十分気をつけましょう。

ジモン4　これで伝わるかな？　易しさ

　「優しさ」と並んでもうひとつの「やさしさ」があります。それが「易しさ」で、簡単さ、わかりやすさを表します。人は何か情報を発する際、つい自分が持っている情報量、知識量を基準にして言葉を決めつけがちです。しかし本当に大切なのは、情報を受け取る相手側の情報量、知識量です。それに合わせた表現をしなければ、せっかく投稿した情報も、しっかり受け取ってもらうことができません。みなさんが読者投稿型サイトに投稿する情報は、多くの人が目にします。同じくらい知識を持っている人、少し知っている人、まったく知らない人などさまざまです。いろいろな人が見ているという意識を持って、どのような人にでも伝わる表現を心がけましょう。

参考・引用文献
（1）子安増生,丹野義彦,箱田裕司監修:『現代心理学辞典』有斐閣（2021）
（2）Yahoo! 知恵袋「Yahoo! 知恵袋ヘルプ」: https://support.yahoo-net.jp/PccChiebukuro/s/article/H000011650
（参照2023-09-20）
（3）津田大介:『情報戦争を生き抜く　武器としてのメディアリテラシー』朝日新聞出版（2018）
（4）「デジタル大辞泉」https://japanknowledge.com/lib/display/?lid=2001025213800（参照2023-09-20）
（5）松村明編:『大辞林　第四版』三省堂（2019）
（6）「図書館情報学用語辞典（第5版）」（2020）
https://japanknowledge.com/lib/display/?lid=509600084（参照2023-09-20）
（7）ウィキペディア:「日本語版の統計」https://ja.wikipedia.org/wiki/Wikipedia（参照2023-09-20）
（8）「日本大百科全書」https://japanknowledge.com/lib/display/?lid=1001050308057（参照2023-09-20）
（9）下村健一:『10代からの情報キャッチボール入門　使えるメディア・リテラシー』岩波書店（2015）
（10）NHK:「アッ!とメディア〜@media〜」https://www2.nhk.or.jp/school/watch/outline/
?das_id=D0005180467_00000（参照2023-09-01）

SNS

宇田川 敦史 (うだがわ あつし)

 ## SNSのメディア特性

SNSとは何か

　SNSとは、Social Networking Service（ソーシャル・ネットワーキング・サービス）の略で、インターネット上で複数の人々と相互交流ができるメディアです。つぶやきを気軽に発信できるX（エックス：Twitter〈ツイッター〉から名称変更）や写真で表現するInstagram（インスタグラム）、実名での交流が中心のFacebook（フェイスブック）などが代表的です。一般の人々がさまざまな表現や発信を簡単にできることから、多くの人に利用されています。

　SNSの第一の特徴は、ユーザー（利用者）自身が発信・投稿をする仕組みになっているということです。このため、SNSに掲載されているコンテンツ（情報の内容）は、UGC（User Generated Contents：ユーザー生成コンテンツ）と呼ばれます。UGCは一般の個人が自由な表現や発信ができる反面、その内容は玉石混交で、必ずしも事実や論拠に基づいたものとは限りません。このため、近年問題視される「フェイクニュース」や「デマ」といった偽情報・誤情報も混在してしまいます（→10章）。SNSを利用する際には、マスメディアとは異なるこのような特徴を踏まえ、より批判的で注意深い姿勢が求められます。

　SNSのもうひとつの特徴は、人と人とのつながりを築くことができるということです。例えばXやInstagramでは、投稿を確認したい人を「フォロー」することによってその投稿が自分の「タイムライン」に優先的に表示されます。お互いにフォローをしあうことによってそれぞれの投稿を確認したり、「いい

ね！」をして意志表示をしたり、さまざまな交流をすることができます。自分をフォローしている人のことを「フォロワー」と呼び、誰かが投稿した内容を他のフォロワーにシェア（共有）することもできます。

UGCと「繋がりの社会性」

　インターネット上のUGCは、SNSが最初というわけではありません。2000年代前半には「掲示板」といって、主にパソコンを使って特定のテーマについて相互に交流するサービスがありました。有名な掲示板サイトとして西村博之（通称ひろゆき）が開設した「2ちゃんねる」（現在の「5ちゃんねる」）があります。この掲示板は匿名での投稿が可能だったこともあり、不正確な情報や「ネタ」と呼ばれる娯楽目的の投稿が多く、中には誹謗中傷や犯行予告に相当する投稿も散見され議論を呼びました。このように考えると、現在のSNSでも見られる問題の中にはUGCという特徴に由来するものが多いことがわかります。

　SNSの利用者が本格的に広がったのは2010年代、iPhoneなどのスマートフォンが普及し、「アプリ」として提供されるSNSが一般化してからです。今でも使われるX、Facebookはいずれも2008年に日本でのサービスを開始し、iPhone 3Gが日本で発売された2009年ごろから利用者数が増加しています。

　社会学者の北田暁大は、UGCが拡大したインターネットでのコミュニケーションの特徴を「繋がりの社会性」と呼びます。ここでのコミュニケーションは、用件を伝える手段ではなく、「つながっていること」を確認すること自体が目的となっているのです。この傾向は、フォローや「いいね！」によってつながりを可視化するSNSにおいて加速しています。SNSを利用する目的は「何か伝えたい用件があって、それを伝達するために使う」ことよりもむしろ、「相手とつながっていること、時間や情報を共有していることを確認するために使う」ことが中心であり、極端にいえば、やり取りするメッセージの内容はなんでもよい、という場合すらあります。このことは、以下の例を考えてみればわかりやすいかもしれません。もし、SNSが単なるメッセージ伝達の手段であれば、「たまたまいい写真が撮れたから、それを伝えたくてInstagramに投稿する」という順序になるはずです。しかし実際には「Instagramに投稿するために、

映える写真を撮りに行く」ことは少なくありません。これは、SNSが手段ではなく自己目的化しており、まさにフォロワーとのつながりを「いいね！」によって可視化するための「繋がりの社会性」の表出なのです。

　「繋がりの社会性」は、フォロワー同士の交流を気軽に促進し継続していくという点では、コミュニケーションの活性化にも役立つ側面があります。一方でそれが過剰になると、弊害も出てきます。例えば、つながりが自己目的化することで、「つながりっぱなし」を指向するようになり、いつもSNSをチェックしないと気がすまなくなってしまうことがあります。こうなると、フォロワー同士でもお互いのつながりの強さに落差が生じ、確認の頻度に離齬をきたしたり、相手に過剰なつながりを要求したりすることで、時には言い争いやいじめに発展することもあります。SNSを利用する際には、こういった特徴を理解して、つながることが過剰に自己目的化していないか、つねに意識することが大切でしょう。

SNSの技術特性

　メディア研究者のボイド（Boyd,D.）は、SNSを含むソーシャルメディアが特に10代の若者にとって重要な「公共空間」となっていることを指摘しています。ここでの「公共空間」とは、公園や広場のように、共同体の一員として交流ができる開かれた場所のことを指します。ボイドは、10代の若者がSNSで「つながりたい」と指向し時に「中毒」にもなるのは、学校以外のリアルな場で、他者と交流する手段が少ないからだと説明します。実際、大人であればバーやレストランなどリアルな社交の場がありますが、10代の若者には「ネット上の公共空間」であるSNSが唯一の（大人の管理から逃れられる）自由な交流の場になっているというわけです。

　また、ボイドは、SNSの技術特性について、「持続性」「可視性」「拡散性」「検索可能性」の４つを挙げています。「持続性」とは、一度投稿した内容はデータとして記録され、たとえ投稿者が削除しても他のユーザーによる「再投稿」や「スクショ（画面の写真記録）」によっていつまでも残ってしまうことを意味します。このような現象を、デジタルに刻み込まれた消せない痕跡という意味で「デジタルタトゥー」と呼ぶこともあります。２つ目は「可視性」で、投

稿内容が誰にでも見られる可能性があるということです。これはたとえ「鍵アカ（非公開にしたアカウント）」からの投稿であっても、それを見たフォロワーがコピーしたりシェアしたりすれば意図しない範囲に可視化される可能性があるということも含みます。3つ目は「拡散性」で、投稿内容がシェアや「いいね！」によって（当初の投稿範囲を超えて）連鎖的に多くのフォロワーに広がる性質を指します。投稿者のフォロワーだけでなく、フォロワーのフォロワーへと容易に伝播していくため短時間で多くの人に広がることも珍しくありません。4つ目は「検索可能性」です。SNSは、つながっている人同士のメッセージのやり取りが基本ではありますが、そのコミュニケーションは後で検索することができます。投稿した内容が、その文脈と切り離されて「キーワード」で検索され、他者に読まれる可能性があるわけです。SNSを利用する際には、これらの技術特性に注意を払う必要があります。

SNSと情報の「偏り」

SNSの動作を支える「アルゴリズム」とは

　このように、SNSはUGCを実現するサービスとして2010年代以降に普及し、特に若い世代にとっては重要なつながりの場として拡大し続けてきました。そこで扱われる情報は、持続的に可視化され、拡散され、検索可能な情報量は増え続けています。SNSに限らず、インターネットを中心とするデジタル情報の流通量はもはや無限といっていいほど増大しており、到底一人の人間が処理できる量ではありません。情報社会のこのような側面は「情報オーバーロード」とも呼ばれ、流通する情報量が人間の対処できる許容量を超えてしまっていることを意味します。

　情報システムにおいて、どのようなデータをどのような順序で処理するか、その条件や手順のことを一般に「アルゴリズム」と呼びます。SNSなどの情報システムでは、大量の情報を人間が認知可能な量に選別するために、さまざまなアルゴリズムを用いています。例えば、「もし『いいね！』の数が最も多かったら、一番上に表示する」「もし特定のキーワードが1日で〇〇件以上あっ

たら、トレンドに掲載する」などの処理を複数組み合わせて、SNSの画面にどのような内容を表示するか、選別しているのです。

　つまり、SNSなどの情報システムでは、マスメディアが人間の力で行っている「編集」（→13章）に相当する処理を、アルゴリズムによる機械的な計算によって実現しているといえるでしょう。そのように考えると、機械が「正確に」処理してくれるならばその方が望ましいと感じる人もいるかもしれません。しかし残念ながら、機械に任せられるから安心だ、とはいえないのです。

　アルゴリズムのような機械の「正確性」とは、その動作が事前に設定したルール通りに確実に動く、ということであって、扱う情報やデータの内容自体が真実だ、という意味での「正確性」ではありません。それに対して人間が行う「編集」のような判断は、何が真実か根拠を持って見極めると同時に、何をメディアに掲載すべきか／すべきでないかという価値判断をも含むものです。このような「○○すべき」という価値判断は、時には倫理的、政治的な配慮が必要な高度なものであり、AIを含む現在の情報技術では十分に対応することができていないのです。

　それでは実際のSNSのアルゴリズムは、どのようにして情報を選別しているのでしょうか。簡単にいえば、情報が「真実」かどうかを直接検証する代わりに、その情報が多くの人から「支持」されているかを計測し、より多く「支持」を得られている情報を優先して表示するのです。その「支持」は「人気」と言いかえてもいいでしょう。つまりクリック数が多かったり、シェアや「いいね！」の数が多かったりする情報が「支持」を得られている情報だと判断して、他の情報よりも高いスコアを与えるわけです。

　さらに、SNSではそれぞれのユーザーが過去にどのような情報を支持したかや、フォロー関係から推定される趣向によって、特定の個人が支持する確率が高い情報を選別することができます。このように、過去の行動履歴をもとに個人の好みに合わせて情報を選別するアルゴリズムのことを「パーソナライズ」と呼びます。例えば、あるユーザーが過去の「いいね！」の傾向から特定のアイドルを推していることがわかれば、そのアイドルに関する情報を優先的に表示し、他の情報の優先度を下げることで、そのユーザーの好みに合ったタイムラインができていくわけです。

これを繰り返していくと、SNSのタイムラインには自然と自分の好みの情報や関係する情報だけが並ぶようになっていきます。情報オーバーロードの環境において、自分の関心の薄い情報が排除されることは一見望ましいことにも感じられるでしょう。しかし私たちは多くの場合、自分の接触している情報がどのようにパーソナライズされ、どのような情報が排除されているのか認識することはできません。アルゴリズムが情報をパーソナライズすることで限定された情報環境におかれてしまう現象は「フィルターバブル[3]」と呼ばれています（→１章）。

「偏り」は人間の側にもある

このように、SNSの情報は人気を重視するアルゴリズムと、パーソナライズの組み合わせによってどうしても「偏り」を含んだものになります。そしてこの偏りは、ユーザーである人間の心理的傾向と呼応して、より拡大しやすい側面があります。そのひとつが「確証バイアス」と呼ばれるものです。人は、真偽不明の情報に接触した時に、自分の信念に近い情報を過大評価し、自分の信念と異なる情報を過小評価します。簡単にいえば「信じたいものを信じ、信じたくないものを信じない」という心理傾向です。例えば、「推しのサッカー選手がスペインの有名クラブチームに高額でスカウトされた」という情報は、たとえその根拠が不明でも真実だと思い込んでしまう一方、「推しのサッカー選手が薬物使用の疑いで調査された」という情報は、たとえその証拠が示されていても疑ったり無視したりしてしまうものなのです。このような、人間の判断の心理的な「偏り」のことを総称して「認知バイアス」と呼びます。「確証バイアス」はそのうちのひとつです。

SNSのアルゴリズムによって自分自身の趣向に合わせた情報がフィルターされることに加え、人間は自分の好みや信念に合致する情報だけを積極的に信じ、「いいね！」やシェアなどの好意的な反応を繰り返すことになります。その結果、SNS上の情報空間は自分と同じような意見ばかりがこだまのように響く小部屋のようになってきます。この現象は「エコーチェンバー」と呼ばれます。ちょうど趣味の合う友達同士でカラオケボックスにこもり、好きな歌だけがエコーしているようなイメージです。

図12-1 東京オリンピックに関するツイートネットワーク

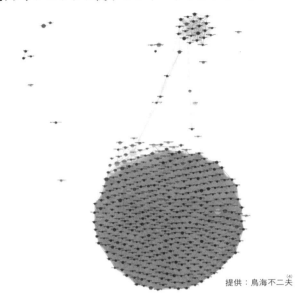

提供：鳥海不二夫[4]

　図12－1は、計算社会科学者の鳥海不二夫[4]が実際の日本のXにおけるエコーチェンバー現象を可視化したものです。2021年の東京オリンピック開催時には、コロナ禍ということもありSNS上でもその賛否が議論されました。図の上部の小さな塊がオリンピック開催賛成のツイート群、下部の大きな塊が開催反対のツイート群を示しています。このように、2つのツイート群は相互に交流がほとんどなく、意見が「分断」していることがわかります。それぞれの群に属しているユーザーは、エコーチェンバー状態になり、全体の意見の分布にかかわらず、「自分と同じ意見の人が周りにたくさんいる」ように見えていたことが推測できます。

> **深掘りメモ　　エコーチェンバー**
>
> エコー（こだま）が響くチェンバー（部屋）という意味で、SNS上で自分と同じような意見の人々とだけ交流が促進され、異なる意見をもつ人々と分断されてしまう現象を指す。

「炎上」はなぜ起こる？

　このような「分断」や、他者の意見に対する不寛容な態度が極端に表れているのが「炎上」という現象です。「炎上」とは、特定の発信や表現に対して批判的な反応や悪意のある誹謗中傷などが集中的に投稿されることを指します。このような反応は、SNSの「拡散性」の特性によってまたたく間に多数の人々に広がります。また、SNSのアルゴリズムは「いいね！」やシェアが多ければ多いほど人気があるとみなして、より優先的に表示する仕組みになっているため、それが悪意や誹謗中傷への賛同であってもどんどん拡散してしまう悪循環を起こすのです。もともとは一部の友人・知人に限定して発信したつもりの投稿であっても、「可視性」の特性によって意図しない人にコピーが伝わり炎上してしまうこともあります。そして炎上した投稿は「持続性」を持ってしまうために後から消すことがほとんど不可能になってしまうのです。

　炎上は、投稿者が意図せざる形で拡散することもあれば、当初から炎上を意図した投稿というものも見られます（意図した場合でも、予想外に炎上が広がってしまい大きな問題に発展することもあります）。軽い気持ちで迷惑行為を投稿した結果、想定外に拡散し炎上してしまう例も後をたちません。これには、SNSユーザーの過度の「承認欲求」が関連していると考えられます。SNSのエコーチェンバーの中にいると、社会全体の倫理観や価値観よりも、仲間うちでの「ウケ」や「いいね！」を得られることが優先され、それが潜在的な「承認欲求」と結びついてしまうことも少なくありません。公共の場での迷惑行為は決して許されるものではありませんが、本人は仲間うちでの「悪ふざけ」で目立って評価を得ようとした結果だったかもしれません。しかし、SNSの「可視性」や「拡散性」の特性は、心地よいはずのエコーチェンバーの範囲を超えて大きな波紋を広げてしまうのです。

　一方で、実際こういった炎上現象に自ら参加する人はごくわずかしかいないという調査結果もあります。計量経済学者の山口真一によれば、X（調査当時はTwitter）で約2,300万人に拡散した大規模な炎上事例では、実際にネガティブな書き込みをしたアカウントは0.05%（約1万2,000人）にすぎないそうです。しかし、それらのネガティブな投稿を起点に、リポストなどでシェアをした投

145

稿を含めると約35.5万件に増加します。直接非難や指摘を書き込むことよりも、リポストによって炎上が大きく拡大することがわかります。このように、自分自身は直接悪口や誹謗中傷を書き込んでいないとしても、そういった（少数の）ネガティブな書き込みに対してリポストや「いいね！」をすることで、結果的に炎上に加担し、拡散を加速することにもなるのです。

SNSとうまくつきあうには

SNSの経済原理を知る

　SNSとうまくつきあうために、もう一つ重要な観点はSNSの経済的な基盤です。多くのSNSは無料で使うことができます。みなさんは、それがなぜか考えたことがありますか？

　SNSは民間の営利企業によって運営され、その収益は主に広告によって得られています。そしてその広告の売り上げは、SNSのアクセス数やクリック数に応じて増える仕組みになっています。SNSのアプリ上で、ゲームや漫画などの広告を見たことがある人も多いでしょう。多くの機能が無料で利用できる反面、SNSの運営会社は広告収益のために、アクセス数やクリック数を多く集める仕掛けを工夫して取り入れています。これまでに述べたアルゴリズムも、多くの人にSNSを利用してもらうことで最終的には広告収益が上がるように調整されているのです。

　近年のデジタル広告の主流は、「行動ターゲティング広告」と呼ばれるものです。SNSには行動履歴によってそれぞれの個人に最適な情報を選別するパーソナライズの機能がありますが、これはユーザーの利便性のためだけではなく、その人が購入しそうな広告を選別するための機能でもあります。どんな写真に「いいね！」をしたのか、どのような場所にチェックインをしたのか、どのような情報をクリックしたのか、これらの行動履歴を解析することによって、その個人がどのような商品を欲しがっているのか、どのようなサービスを好むのか、予測することができるわけです。みなさんも、SNSを利用する時、過去に関心のあった商品や、自分の好みに合わせたような広告メッセージを目にした

経験があるのではないでしょうか。SNSが、「何度も見たくなる」「思わず使いたくなる」ようなアルゴリズムを採用しているのは、それによってユーザーの行動履歴を収集し、広告収益を上げることに結びついているという事実は、つねに意識しておく必要があるでしょう。

分断ではなく協調のために

　SNSは炎上のように、使い方によっては人を傷つけたり、プライバシーを侵害したりする危険性があるものです。また、SNSは民間の営利企業によって運営され、その収益は主に広告によって得られています。多くの機能が無料で利用できる反面、SNSの運営会社は広告収益のために、閲覧数やクリック数を多く集める仕掛けを工夫して取り入れています。それらは、アルゴリズムによって、ユーザーが好む情報が選別されるように調整され、一見すると心地よい情報空間を作り出します。しかし、そこには同じ意見の人だけが集まり、外部の意見が不可視になるようなエコーチェンバーという現象も発生しています。

　一方でSNSは、自由な発信と交流によってコミュニケーションが活性化したり、新しい表現を創造したり発見したりすることができる可能性を秘めた場でもあります。自分と同意見のネットワークでの交流だけでなく、あえてエコーチェンバーの外側に出ていくことで、発見の可能性は広がります。また、「いいね！」やシェアをしたり、何か意見を投稿したりする前に、偏った情報だけで判断をしていないか、さらには「拡散性」の影響がどのように及ぶのか、1秒でもいいので立ち止まって想像力を働かせることで、無用な誤解や意図せざる炎上を避けることもできるはずです。SNSを危険なものとして遠ざける必要はありませんが、メディアの特性に常に意識を向けて、その危険性と可能性の双方を理解した上で利用をするということが大切です。

参考・引用文献
（1）北田暁大：『嗤う日本の「ナショナリズム」』日本放送出版協会（2005）
（2）D. ボイド（野中モモ訳）：『つながりっぱなしの日常を生きる　ソーシャルメディアが若者にもたらしたもの』草思社（2014）
（3）E. パリサー（井口耕二訳）：『フィルターバブル　インターネットが隠していること』早川書房（2016）
（4）鳥海不二夫：「ツイッター上のオリンピック反対派はどのような人たちか」Yahoo!ニュース個人（2021）
https://news.yahoo.co.jp/expert/articles/f0cadc7d6e28878f772c3cced701b1dd7b3dcb96（参照2023-09-01）
（5）山口真一：『ソーシャルメディア解体全書　フェイクニュース・ネット炎上・情報の偏り』勁草書房（2022）

V

新たな文化を
創造することで
人の心を豊かなものにする

編 集

村井 明日香(むらい あすか)

① 「編集」とは

　「編集」という言葉からは、映像の編集や雑誌の編集などをイメージする人が多いかもしれませんが、広い意味では、人間が知識や情報を何らかの手法で組み立て改変をしていく知的作業のすべてを指す言葉です。みなさんが普段、人と話をしたり、文章を書いたり、SNSで情報発信したりするすべてのコミュニケーションの活動で、みなさんは情報の「編集」を行っています。例えば、高校で初めて同じ学校になった友達から「中学時代は何をしていたの？」と聞かれた場合を想像してみましょう。その時、あなたは何と答えるでしょうか。中学時代にやったことすべてを答えるのは不可能なので、何かを選んで答えるでしょう。例えば、「野球をやっていた」「ダンスをやっていた」など部活でしていたことを答える人が多いかもしれません。単純に費やした時間だけで考えると、中学時代に一番長い時間を費やしていたのは、「寝ること」かもしれません。でも、それを理由に「寝ていた」と答える人はあまりいないでしょう。他に費やした時間が長いのは、例えば、「中学校に行っていた」「受験勉強をしていた」「YouTubeを見ていた」などかもしれませんが、そう答える人もあまりいないでしょう。この時の答えを選ぶ基準は、費やした時間ではないわけです。そうではなく、伝えたいことを選んで伝えているのではないでしょうか。これも情報を「編集」して伝えているのです。

　マスメディアの現場でも「編集」はさまざまな場面で行われています。出版社には、書籍や雑誌の情報を編集することを仕事にする編集者がいます。新聞やテレビのニュース番組では、取り上げるニュース項目を選ぶ責任者のことを

編集長と呼びます。「テレビ番組」や、「動画（放送事業者がインターネット配信するテレビ番組を含め、インターネット経由で配信、共有することを目的としたもの）」などの映像では、「編集」という作業があります。

　この章では、編集の中でも、映像の編集について扱います。映像の編集は、撮影した映像の中から一部を選んだり、順番を並べ替えたりする作業です。最近は、スマートフォンでも動画を簡単に編集できるアプリがたくさん出ているので、経験したことがある人もいるかもしれません。この章では、この編集に関するメディア・リテラシーについて考えてみたいと思います。

 ## 映像編集の基本

　みなさんは１本のテレビ・ドキュメンタリーを作るのにどのくらいの映像が使われているかご存じでしょうか。番組によって全く異なりますが、１時間のドキュメンタリー番組でしたら、少なくとも数時間の映像は撮影しているでしょう。多い場合は、100時間以上の映像を撮影している場合もあります。

　では、その中から番組制作者は編集作業で何を基準に使う映像を選んでいるのでしょうか。映像編集の基本は、「その映像で伝えたいことがきちんと伝わるように、話の流れを考えて映像を選んで並べる」ということです。これは、映像の編集以外でも、文章を書いたり話をしたりするような、人に何かを伝えるコミュニケーションでも同様に重要なことでしょう。ただし、文章や話し言葉は、人が見たり聞いたりしたことを文字や言葉に変えて表現するメディアですが、映像は、カメラによってその場の様子が記録されたメディアです。そのため、映像を見る人は、現実をそのまま見ていると誤解しがちです。しかしそこには、制作者が膨大な映像の中から目的にあった映像を選び、わかりやすい話の流れになるように並べられるという作業があるのです。そのため、同じ映像素材であっても、伝えたい内容が異なれば、編集によって全く異なる映像ができあがります。

　ここからは、今説明をした映像編集の基本に加えて、映像編集の時に映像が選ばれる基準になることを何点か説明します。

映像文法

　テレビ番組では、ドラマでもドキュメンタリー映像でも、よく見ると、短いカット（ショットともいう）がつなぎ合わされて1つのシーンが構成されています。カットというのは、カメラを1回止めるまでに撮影できる映像です。各カットは、異なる時間や位置で撮影されていて、それらの映像が組み合わさって1つのシーンが構成されています。

　あるシーンを編集する時の基本が、ルーズとアップという画角の異なる映像を組み合わせることです。例えば、図13-1は、絵を描いている場面を3つのカットで表現しています。まず、場所や状況がわかる広めの映像（ルーズ）が入り、その後、詳細や表情がわかる大きく映した映像（アップ）で、手元の絵と顔の表情を撮影して編集で組み合わせています。テレビ番組では、このように同じ場面においてルーズとアップという異なる画角の映像を撮影し、それを編集で組み合わせるのが1つの表現のパターンになっています。場所や状況がわかるルーズと詳細や表情がわかるアップを組み合わせることで、その場の様子を表現しているのです。このような映像表現上のパターンを「映像文法（または、映像言語）」と呼ぶことがあります。映像文法には、ルーズとアップの組み合わせ以外にも、ズームイン（撮影対象がだんだん大きくなるようなカメラの動き）、パン（カメラを横に水平に動かした

**図13-1　編集によるカットの
　　　　　組み合わせの例**

撮影手法）などのさまざまな映像があり、それぞれの画角やカメラワークが持つ意味や効果があります。ズームインには、だんだん大きく映される撮影対象に、見る人の視線を注目させる効果があります。横に水平にカメラを動かすパンは、カメラの画角に入りきらない範囲を見せるという効果だけでなく、「何かの隣に何かがあります」というように、位置関係を示すという意味がある場合もあります。このように、それぞれの画角やカメラワークが持つ意味や効果を考えながら、伝えたいことに合わせて画角やカメラワークを選んで撮影し、編集で組み合わせます。

　ここで知っておきたいのは、各カットの間は時間がつながって一連の流れのように見えますが、一続きで撮影されたわけではなく、時間のずれがあることです。テレビ局のスタジオの外で撮影された映像は、生中継でない限り、カメラ1台で撮影されることが多いです。その場合、異なる位置から撮影された映像は、1度撮影した後、カメラを移動させて再び撮影しているので、各カットの間は、最低でも、カメラを移動させる間は時間のずれがあることになります。カメラの移動時間を感じさせないように編集でカットをつないでいるのです。場合によっては、カメラを移動させる時間、撮影対象者に次の行動に入るのを少し待っていてもらい、カメラが別の位置から撮影を始めてから次の行動をしてもらうようにお願いをしていることもあるかもしれません。

　図13-1でも、手元の絵の次に描いている女性の顔が映されていても、描いているその瞬間の表情ではなく、時間的には少しずれがあります。場合によっては、1時間くらい同じシーンを撮影していて、最初の方に撮影した映像と最後の方に撮影した映像がつながっている場合もあるかもしれません。また編集では、必ずしも撮影された順番通り編集されていないかもしれません。このように、編集によって、映像の中には、現実とは時間的、空間的に同一ではない新しい現実が誕生します。映像は現実そのものを伝えているわけではないのです。

動画における映像文法

　映像文法は、テレビ放送が開始される前の映画の時代に確立されていき、テレビ番組の制作技術としても引き継がれて、プロの映像制作者の間では映像制

作の基本とされてきました。しかし、近年、動画投稿サイトなどで見られる、映像のプロではない人たちの動画は、この文法に則ったものばかりではありません。1カットのみで構成されたショート動画もたくさんありますし、手持ちで歩きながら撮っている動画もたくさんあります。映像文法は、昔、大きなフィルムカメラを三脚に乗せて映画を撮影するという技術的な制約の中で生まれた撮影手法が元になっています。しかし、スマートフォンのように小型で、簡単に歩き回りながら撮影ができたり、長時間撮影が可能だったりする新しい撮影機器が普及したことによって、映像文法も変わっていく可能性があります。重要なのは、伝えたいことがきちんと伝わる表現はどのような表現なのかを考えることでしょう。それを基準に、スマートフォンで撮影する時代の映像文法はどうあるべきかを考える必要があるでしょう。

> **深掘りメモ　　映像文法**
>
> 映像の撮影方法や、編集方法に関する基本的な規則。言葉と同様に映像にも文法があるという考えに基づく。カットのサイズ（ルーズ、アップなど）、カメラの動き（ズームイン、パンなど）、編集方法（ショット、リバースショットなど）などの映像文法がある。

映像の強さって何？

テレビ番組の制作者が編集で映像を選ぶ時の基準の一つに、「映像の強さ」があります。「映像の強さ」というのは、「映像のインパクトの強さ」「映像が見る人に訴えかける力の強さ」などの意味です。例えば、びっくりするようなハプニングが起こった瞬間の映像、涙を流して訴えている人の映像、などがわかりやすい例かと思います。このような、じっと見てしまうような映像を、番組制作者は意識しながら映像を選びます。「その映像で伝えたいことがきちんと伝わるように、話の流れを考えて映像を選んで並べる」というのが編集基本と書きましたが、その流れの中に入る映像の中で、より「強い」映像を選ぶのです。なので、同じシーンで撮影した映像であっても、見てわかりやすい動きやいい表情など、少しでも「強い」箇所を編集で選びます。

これは、テレビ番組は「映像」で伝えるメディアだということを番組制作者が意識していることが背景にあります。例えば同じニュースを伝えるにしても、新聞のように文字と写真で伝える場合と、テレビで映像で伝える場合を比べると、映像だからこそ、より受け手に伝わりやすいものがあります。中でも、動きがあるものや、人の気持ちなどを伝えるのに映像は大きな力を持つメディアです。そうした映像の特性を最大限発揮するような映像を、テレビ番組の制作者は編集の時に選ぶのです。こうして編集された映像は、結果的に、見ていてわかりやすく飽きない映像になる場合が多いです。

③ インタビューの編集

　次に、インタビューの編集について考えてみましょう。ここでは、1）ある人のインタビューの中から一部を抜き出して編集する場合、2）たくさんの人にインタビューをした時、その中から使うインタビューを選ぶ場合、の2つの場合を考えてみましょう。

話し手が伝えたかったことが伝わっている？

　まずは、ある人のインタビューの中から一部を抜き出して編集する場合です。先ほど書いた通り、編集の基本は、「その映像で伝えたいことがきちんと伝わるように、話の流れを考えて映像を選んで並べる」ことです。なので、誰かにインタビューをした映像も、全体の映像の流れの中に位置づけられるように選ぶことになります。また、映像編集では、「テンポ」も重要です。一つ一つのカットの長さを短くすると、映像全体のテンポが上がります。逆に長めにすると、ゆったりした映像になります。見ている人を飽きさせないテンポを考えてカットの長さを決めていくことも重要です。こうした理由から、テレビのニュースやドキュメンタリー番組のインタビューなどは、実際に撮影したインタビュー内容のごく一部を編集で使う場合が一般的です。ただし、ここで難しい問題が出てくることがあります。それは、インタビューで話してくれた人が伝えたかったことが、その編集で伝わるのかどうかということも考えなければいけ

ないということです。

　例えば、新入生向けの学校紹介動画を作るために、在校生に学校の印象に関してインタビューをしたとします。その時、「生徒どうしすごく仲がいいんです。けど、上下関係がきびしくて、こわい先輩もいるから、部活選びは要注意」と言った女子生徒がいたとします。動画の作り手が、「学校の良さを伝えること」を目的にこの動画を作成する場合は、「生徒どうしすごく仲がいいんです」という箇所だけ選びたいという場合もあるでしょう。しかし、話してくれた女子生徒はそのような編集をされた場合、どのような気持ちになるでしょうか。この女子生徒が本当に言いたかったのは、「仲がいい」ということではなく、「部活選びは要注意」の方であったかもしれません。このように考えると、映像の編集は、作り手が伝えたいことを伝えるというだけでなく、インタビューに答えてくれた人など、取材に応じてくれた人の気持ちも考えなければいけません。

　インタビューされる人が編集後に嫌な思いをしなくて済むよう、インタビューをする人は、「何を伝えるための映像なのか」ということ、またどのくらいの時間放送される可能性があるのかということなどを事前に説明をしてからインタビューをすることも重要です。

「公平に伝える」とはどういうこと？

　次に、たくさんの人のインタビューを撮影して、その中から使うインタビューを選ぶ場合です。例えば、在校生に対する学校の印象に関するインタビューでは、学校に対していい印象の回答も、悪い印象の回答もあるかもしれません。その場合、「いい印象の回答」だけを選ぶのがいいのでしょうか。それとも、「いい印象の回答」と「悪い印象の回答」の両方を同じ数だけ選ぶのがいいのでしょうか。この答えは、動画を作る目的によって変わってきます。

　PRビデオやコマーシャルのようにいい面を伝えることが目的の動画の場合は、「いい印象の回答」を多く選ぶことがあるでしょう。一方、さまざまな意見を公平に伝えるということを目指す動画の場合は、両方の意見を紹介するでしょう。映像には、さまざまな目的があり、目的に合わせて送り手が意図的に使う映像を選んでいるのです。

　公平に伝えることを目指す場合、公平というのはどのような状態を指すかを

考える必要もあります。例えば、インタビューで得た回答のうち、いい印象の回答と悪い印象の回答の割合が8対2だった場合、いい印象の回答と悪い印象の回答を同数で紹介するのが公平なのか、8対2の割合で紹介するのが公平なのかを考える必要があります。また、インタビューをした人の意見は8対2の割合でしたが、全校生徒にアンケート調査をしてみると、いい印象の回答と悪い印象の回答の割合が、インタビューで得た回答結果とは反対の2対8だったという可能性もあります。全校生徒の回答の割合は、インタビューで得た回答からだけではわからないのです。そう考えると、公平に伝えるというのはとても難しいことなのです。

　テレビ番組の編集に関しては、放送法上で「政治的に公平であること」（第二章第四条二）が定められています。(2)これは、テレビを放送する電波が有限・希少な資源であり、国民共有の財産であるという考えに基づいたものです。しかし、「政治的に公平」な放送とはどのようなものかに関しては多くの議論があり、答えは1つではないのです。例えば、1つの番組内で公平に伝えるべきなのか、1つの放送局全体で公平に伝えるべきなのかに関しては議論があります。また、政治的に意見が分かれるテーマに関して、各政党の代表者1人ずつに話を聞くのが公平であるという意見もあれば、各政党の議員の数に応じて放送時間を割り振るのが公平だという意見もあります。議員の数は国民の世論を反映しているという考え方です。公平とはどのような状態を指すのかに関しては細かな検討が必要であることがわかります。

　また、放送法には「意見が対立している問題については、できるだけ多くの角度から論点を明らかにすること」（第二章第四条四）という記載もあります。ここには、政治上の問題に限らないさまざまな意見が対立している問題が含まれます。例えば、学校教育におけるAIの活用についてなどは、肯定的な意見も否定的な意見もあるでしょう。しかし、対立する意見があるというのは、双方の意見が世の中に向けて発信されて初めてわかることです。テーマによっては、意見が十分に発信されておらず、意見が対立していることすら制作者が知らない題材もあるでしょう。そう考えると、さまざまな意見が対立している問題で「公平」に伝えるというのは非常に難しく、「できるだけ多くの角度から論点を明らかにする」ということが現実的といえるでしょう。

④ ナレーション、テロップ、音楽

　映像の編集作業においては、ナレーションやテロップを入れたり音楽を入れ
たりすることがあります。広い意味では、これらの作業も「編集」作業の一つ
になります。このナレーション、テロップ、音楽も、その特徴を知って映像を
見ることが重要です。

ナレーション、テロップ

　ナレーションやテロップは、映像の説明などに使われます。いつどこで誰が
何をしたかという情報は、映像のみでは十分に伝わらないことがあります。そ
こで、ナレーションやテロップを使って説明をすることがあります。また、リ
ポーターなど映像に出てくる人が、直接説明をするなど、言葉で伝える情報を
入れることがあります。この言葉で伝える情報は、見ている人に、映像の見方
を方向づける役割を持っています。例えば、先ほどの図13-1の女性が絵を描
いている映像に、「苦労して描いています」というナレーションをつけること
もできますし、「楽々と描いています」というナレーションをつけることもで
きます。そのナレーションによって見ている人に伝わる印象は大きく変わるの
です。

音楽

　同じ映像でも違う音楽をつけると印象は変わります。例えば、図13-1の映
像に、明るくてアップテンポな曲を入れた場合は、その女性の心情が明るいの

だという印象になります。また、暗くてどんよりしたゆっくりしたテンポの音楽を入れた場合は、その女性が苦労している印象になったり、あまりよくない状況であるという印象になったりするでしょう。このように、ナレーションなどの言葉による情報だけでなく、音楽で見る人の印象を方向づけることができます。

編集された映像を見る時の注意点

ここまで、映像編集の特徴について説明してきました。最後に、こうして編集された映像を見る時に気をつけたい点についてまとめます。

繰り返しになりますが、編集とは、「その映像で伝えたいことがきちんと伝わるように、話の流れを考えて映像を選んで並べる」作業です。そのため、編集された映像を見る時には、送り手がどのような目的でその編集をしたかを考えることや、編集によって使われなかった映像があることを意識することが大切です。

テレビの報道番組などではよく「世の中のありのままを伝えます」というような喧伝文句が使われることがあります。それは、視聴者は、テレビなどの報道によって世の中で起きていることを知る（監視する）ことができると期待しているので、それに番組側が応えるための言い方です。でも、「ありのまま」という言葉は注意が必要です。テレビ番組の多くは編集が行われています。編集によって、映像の世界は現実そのものではなく、時間的・空間的に再構成された新しい現実が生まれているのです。その点を理解した上で、テレビ番組や動画の視聴を楽しむのがよいでしょう。

参考・引用文献
（1）北川高嗣, 西垣通, 吉見俊哉, 須藤修, 浜田純一, 米本昌平編：『情報学辞典』p.855 弘文堂（2002）
（2）総務省：放送法（1950）https://www.tele.soumu.go.jp/horei/law_honbun/72490000.html（参照2023-09-18）
（3）日本国語大辞典第二版編集委員会, 小学館国語辞典編集部：『日本国語大辞典第二版第5巻』p.434小学館（2001）

第14章 著作権

著作権

宇治橋 祐之（うじはし ゆうじ）

① 著作権とは？

著作権制度の目的

　写真やイラスト、小説やマンガ、音楽やダンスなど、自分の考えや気持ちを工夫して表現したものを「著作物」といい、こうした著作物を作者の財産として守る権利などのことを「著作権」といいます。上手だから著作物になる、下手だから著作物にならないというような区別はなく、自分の考えや気持ちを工夫して表現したものはすべて著作物です。この本を読んでいるみなさんにもさまざまな「著作物」があるでしょうし、そこには「著作権」があります。

　では著作権は何のためにあるのでしょうか。著作権法の第1条には「（前略）、これらの文化的所産の公正な利用に留意しつつ、著作者等の権利の保護を図り、もつて文化の発展に寄与することを目的とする」とあります。「文化の発展に寄与すること」が目的なのです。そして制作された著作物が社会に流通し、人々が利用できるようにするために、著作権法では「創作の促進」を図るための〈権利の保護〉を行うとともに、「公正な利用の確保」のための〈権利の制限〉も規定しています（図14-1）。自分が著作者として作品を制作する際には権利を保護してほしいと思うでしょうが、自分が利用者の場合には著作者の権利を制限してほしいことがあるでしょう。保護と制限のバランスを考えながら、文化の発展に寄与することが著作権制度の目的です。

　この本ではメディア・リテラシーの柱の一つを「新たな文化を創造することで人の心を豊かなものにする」こととしていますが、著作権制度を理解するこ

とは文化の創造のために必要なのです。

図14-1　著作権制度の目的

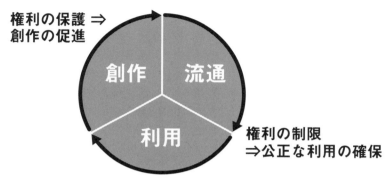

権利の保護 ⇒
創作の促進

創作　流通

利用

権利の制限
⇒公正な利用の確保

（著作権テキストー令和5年度版ー（文化庁）p4を基に筆者が作成）

著作物にはどのようなものがあるか

　では著作物にはどのようなものがあるのかを具体的に見ていきましょう。著作権法の第2条では著作物を「思想又は感情を創作的に表現したものであつて、文芸、学術、美術又は音楽の範囲に属するものをいう」としています。文章を区切って見ていきます。まず「思想又は感情」とあります。「思想又は感情」は人間固有のものとされています。例えばサルが絵を描いたとしても、それは著作物ではありません。また単なる事実やデータも著作物ではありません。例えば「東京タワーの高さは333メートル、東京スカイツリーの高さは634メートル」というのは単なる事実で、人の思想や感情が入っていないので著作物ではありません。次の「創作的に」は、創った人の個性が多少なりとも表れていれば著作物であるとされています。子どもが書いた絵や作文も著作物です。一方で、他人が創った著作物をそっくりまねたもの、例えば絵の模写などは、どんなにそっくりに描かれていたとしても、描いた人の個性が表れているわけではないので、著作物ではありません。また、誰が表現しても同じようになってしまうような、ありふれた表現も創作的な表現とはいえません。[2]

　著作権法では、以下の9種類を著作物として示しています。

1 「小説、脚本、論文、講演その他の言語の著作物」 ※俳句や短歌も含みます。

2 「音楽の著作物」 ※作詞家や作曲家が作る歌詞や楽曲（メロディ）。

3 「舞踊又は無言劇の著作物」 ※振付家が作るダンスやパントマイムなど。

4 「絵画、版画、彫刻その他の美術の著作物」 ※イラストやCGも含みます。

5 「建築の著作物」 ※創造性の高い建物は著作物ですが、建売住宅などは含みません。

6 「地図又は学術的な性質を有する図面、図表、模型その他の図形の著作物」

7 「映画の著作物」 ※劇場用映画だけでなく、テレビドラマやCMも含みます。

8 「写真の著作物」 ※機械が撮影するスピード写真は含まれません。

9 「プログラムの著作物」 ※コンピュータープログラムなど

　なお2や3は、作詞家や作曲家、振付家が著作者となり、歌手やダンサーは著作者ではありません。[2] また発明や商品やサービスに使用するマークなどは、それぞれ特許権や商標権として知的財産権に含まれます。

深掘りメモ　知的財産権

「知的財産権」とは、知的な創作活動によって何かを創り出した人に付与される「他人に無断で利用されない権利」である。「知的財産権」の中に、権利が自動的に発生する「著作権」と、「特許権」「商標権」などの特許庁に出願すると権利が発生する「産業財産権」がある。

---

② 著作物を利用するには？

許諾と私的複製と引用

　著作物を利用したい時にはどうすればよいでしょうか。著作権を持つ人から許可を得るのが原則です。著作権者から許可を取る必要があるとわかった場合、まず著作権者が誰なのかを調べて連絡してみましょう。音楽など権利情報を管理する専門の団体がある場合もあります。本やCDなどであれば、その出版社

や発行元に問い合わせることもできます。さらに個人でも情報を入力でき、幅広く権利情報を集めて検索できるシステムの整備も進められているので、そうした仕組みも利用して連絡をとってみるようにしましょう。

　ただし特に許可なく著作物を利用してもよい例外がいくつか定められています。非営利の教育機関（小・中・高・大学など）では、授業の過程で必要がある場合に、他人の作品を複製して使うことが認められています（著作権法第三十五条）。また個人あるいは家庭などの限られた場所で利用する場合は、利用する本人が著作物をコピーすることができます。「私的使用のための複製」（私的複製）と呼ばれています（著作権法第三十条）。例えば、テレビ番組を自分や家族と見るために録画することができます。ただしその録画したビデオをほかの人に貸すことは、限られた場所の利用という範囲に入りません。また違法にネットにアップロードされている著作物を、違法アップと知りながらダウンロードすることは、私的複製には含まれないので注意が必要です⁽³⁾。

　このほかに、自分の文章の中に他人の文章などを持ってきて説明に用いることができる引用という規定もあります。ただし、著作権法の引用の規定はやや抽象的なため、いろいろな引用ルールの学説があるのが現状です。ここでは代表的な5つの要件を示します。

①**明瞭区別**―引用する文章や画像と、自分の文章や画像との区別を明確にすること。

②**主従関係**―引用の部分は必要最小限におさえ、説明や補強のために使用すること。

③**引用の必要性**―批評の対象とするなど、その著作物が本当に必要であること。

④**出典の明記**―作家名や作品名、出版社やURLなどを記載すること。

⑤**改変しないこと**―内容を変えずに引用すること。

　許可なく著作物を利用できることもありますが、著作者の気持ちに反するような作品の扱い方をしないこと、著作者の生活の糧を奪ってしまうことがないようにすることも大切です。

著作物の保護期間と、著作物でないもの

　著作権は、永久に保護されるのではなく、一定の期間が過ぎれば消滅します。

著作権が消滅した著作物は、社会全体が共有する文化的財産として、誰もが自由に利用することができるようになります。著作物を利用したい場合、保護されている期間なのかを確認してみましょう。2023年度時点の日本国内での原則は、著作者の「死後70年」、あるいは映画などのように複数の著作者がいる場合には「公表後70年」です。ただしこの原則は2018年12月からのもので、例外事項や国による違いもあります。

　近年では『くまのプーさん』の原作の著作権が日本では2017年に切れました。その結果、二次創作がほとんど自由になり、くまのプーさんがCMで使われたりホラー映画に登場したりしています。このように著作権が消滅して誰でも利用できる状態をパブリックドメインといいます。

　著作物でないものは、自由に利用することができます。前述のように「東京タワーの高さは333メートル、東京スカイツリーの高さは634メートル」というような「事実やデータ」や、「ありふれた表現」などです。そこには「アイデア」も含まれます。アイデアは著作物ではないかと疑問に思う人がいるかもしれません。けれどもアイデアは「表現したものではない」ので、自由に使えるようにされているのです。ただしそのアイデアを元にした具体的な「表現」は著作物になります。

　例えばレシピは、料理の手順に関するアイデアとされています。そのため同じレシピで作った料理をお店で出しても著作権侵害にはなりません。ただし、完成した料理やその写真などは具体的な「表現」なので著作物になります。もしレシピを著作物とするとどうなるでしょうか。例えば「ごはんに具を入れて海苔で巻く」というレシピに著作権があったら、新しい具を考えておにぎりを作ることが難しくなるでしょう。アイデアが共有できることで新しい「表現」が生まれてくるように定められているのです。

ソーシャルメディアや動画サイトと著作権

　みなさんはソーシャルメディアを利用することがあるでしょう。その際に例えば好きな歌詞や名台詞をつぶやいたり、画像をアップしたりしたくなるかもしれません。その際に考えることは、まずは「著作物かどうか」、次に「利用が許可されているか」、そして「引用に該当するか」ということです。[2]

例えばタイトルなどの固有名詞は基本的には著作物ではないので利用できます。また歌詞や台詞は短い部分なら大丈夫です。ただし長い歌詞や台詞は著作物になります。画像も著作物です。次に「利用が許可されているか」を考えます。フリー素材と呼ばれるものは自由に利用できますが、利用規約で許可の範囲を限定している場合もあるので注意が必要です。例えば「いらすとや」というフリー素材では「素材を21点以上使った商用デザイン」は有償、「LINEクリエイターズスタンプ等」で「素材自体をコンテンツ・商品として再配布・販売」することは禁止しています。また引用に該当する場合は利用できます。例えばコメントする目的で対象作品の一部を紹介することはできますが、前述の引用の要件を満たしていることが必要です。

　動画サイトでよく見る「歌ってみた」や「弾いてみた」はどうでしょうか。実はYouTubeなどの動画投稿サイトは、日本音楽著作権協会（JASRAC）という音楽の著作権を管理している団体と、音楽の利用に関して「年間包括契約」を結んでいます。そのため個人がアップする動画にJASRACが管理している楽曲を利用することができるのです。そのかわりに動画投稿サイトは収入の一部を利用料金として収めています。このほかにデジタルアーカイブとして公開されているものの利用も可能です。

深 掘 り メ モ　　　　デジタルアーカイブ

さまざまな知的財産をデジタルデータとして保存し、検索や加工が可能にしたものをデジタルアーカイブという。「国立国会図書館デジタルコレクション」のような公的なものや、著作権が切れた文学作品をボランティアが手入力してネット公開している「青空文庫」などがあり、誰でも自由に利用できる。

③ 私たち一人一人が著作権者

インターネットが普及するまでは著作物を作るのはプロがすることで、それを使うのも一定の技術があるプロであることが多かったのですが、スマートフォンなどで誰もが簡単に著作物を作り、利用することが可能になってきています。著作物はどんどん増えています。その一方で、著作権者に連絡がつかないために利用できない作品も出てきています。こうした権利をたどりにくい作品は「オーファンワークス」と呼ばれています。

これからは誰かがあなたの作品を利用したいという場面が出てくる可能性もあるでしょう。その際に、「この作品はこう使ってほしい」ということを事前に表明したり、自分の作品を相手はどのように使いたいと言っているのかを確認したり、どういう条件だったら使ってもよいかを考えたりすることが大事です。

インターネット時代の新しい著作権ルールとして、国際的非営利組織が提供しているクリエイティブ・コモンズ・ライセンス（CCライセンス）があります。CCライセンスには４つのマークがあり、これらを組み合わせることで作品を公開する作者が、意思表示をすることができます（図14-2[7]）。例えば「表示（BY）」と「非営利（NC）」を組み合わせて表示した場合は、原作者のクレジット（氏名、作品タイトルなど）を表示し、かつ非営利目的であることを

図14-2　CCライセンスの種類

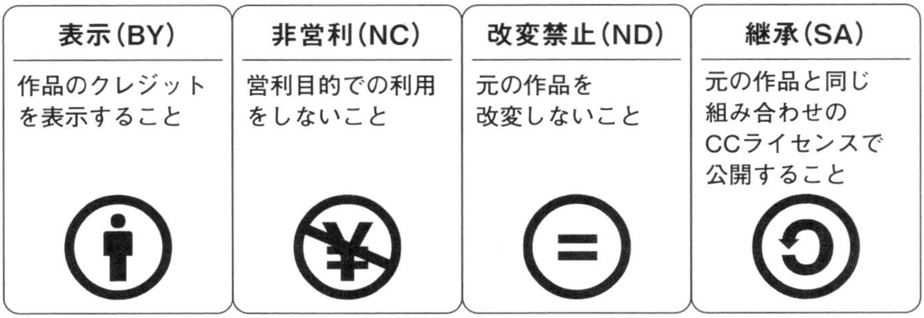

表示（BY）	非営利（NC）	改変禁止（ND）	継承（SA）
作品のクレジットを表示すること	営利目的での利用をしないこと	元の作品を改変しないこと	元の作品と同じ組み合わせのCCライセンスで公開すること

クリエイティブ・コモンズ（https://creativecommons.jp/licenses/）の図を基に筆者が作成

主な条件に、改変したり再配布したりすることができるということになります。
　著作権制度は複雑なところがあり、また新たなデジタル技術が生まれることで法律が改正されることもあり、丁寧に最新の情報を確認しておくことが必要です。ただし、その目的は「文化の発展に寄与すること」なので、著作権を理解した上で新たな文化の創造をしていくことが大切です。

参考・引用文献

（1）文化庁著作権課：「著作権テキスト－令和5年度版－」(2023)
https://www.bunka.go.jp/seisaku/chosakuken/seidokaisetsu/pdf/93908401_01.pdf（参照 2023-11-24）
（2）福井健策：『18歳の著作権入門』筑摩書房(2015)
（3）CRIC（公益社団法人著作権情報センター）：「みんなのための著作権教室」
http://kids.cric.or.jp/index.html（参照 2023-11-24）
（4）いらすとや：「ご利用について」 https://www.irasutoya.com/p/terms.html（参照 2023-11-24）
（5）国立国会図書館：「国立国会図書館デジタルコレクション」 https://dl.ndl.go.jp/（参照 2023-11-24）
（6）青空文庫 https://www.aozora.gr.jp/（参照 2023-11-24）
（7）クリエイティブ・コモンズ・ジャパン：「クリエイティブ・コモンズ・ライセンスとは」
https://creativecommons.jp/licenses/（参照 2023-11-24）

AI

宇田川 敦史_(うだがわ あつし)

 1 ## AIとは何か

強いAIと弱いAI

　みなさんは「AI」というと何を思い浮かべますか。「AI」とは「Artificial Intelligence（人工知能）」の意味で、データを「学習」して人間の知識や判断を模倣する機械のことを指します。AIのイメージとして「ドラえもん」のような、意識や自我を持ち、人間と知的な対話のみならず感情的な共感もでき、どんな問題も解決してくれるような存在を思い浮かべる人も多いかもしれません。このようなAI像のことを、なんでもできるAIという意味で「汎用AI」と呼びます。汎用AIは、AIの最強バージョン、いわば究極のAIという意味もあり「強いAI」と呼ばれることもあります。実はこの「強いAI」というのは、まだ想像上の存在で、現在の技術では実現の見込みが立っていません[(1)]。

　一方、現在実現しているAIは、特定の用途に特化し、意識や自我のようなものを持たない、高性能なコンピューターシステムのことを指します。想像上の存在である「強いAI」に対して、この水準のAIは「弱いAI」と呼ばれます。「弱いAI」は、プログラムされたタスク（処理）については多くの場合人間よりもすばやく、適切な結果を出すことができますが、もともとの目的以外の用途に対処することはできません。例えば、Siriなどのスマートフォンの音声アシスタントは、ユーザーが話しかけると反応して質問に答えたり、天気予報を提供したりします。しかし、設定されたタスク以外の活動、例えば料理や車の運転をすることはできません。

みなさんも最近いろいろな場面でAIと呼ばれる技術に触れる機会や、AIに関するニュースを耳にすることも多いでしょう。そこで登場するAIは、基本的には「弱いAI」のことを指しています。よくSF映画やアニメなどで、自我を持ったAIが目覚めて人類を攻撃するといったストーリーがありますが、これは想像上の存在である「強いAI」の物語であり、現在の「弱いAI」ではそのようなことは起こりません。しかし、それでもAIはとても高度で複雑な技術ですし、インターネットやソーシャルメディア、スマートフォンなど日常的なメディアの中でもさまざまな用途で使われるようになっており、使い方を誤れば人間にとって危険な結果をもたらすこともあります。AIの基本的な仕組みを知り、メディアの中での使われ方やその危険性について正しく理解することは、これからのメディア・リテラシーとして重要な要素なのです。

AIはどんなところで使われる？

　先ほど「弱いAI」の一例としてSiriなどのスマートフォンの音声アシスタントを挙げましたが、近年急速に進歩しているのが「ChatGPT」に代表される対話型の「生成AI」と呼ばれるものです。「生成AI」とは、人間の質問や要求に応じて、文章や画像などを「生成」するAIのことを指します。これらのAIに質問したり指示したりする際には、特別な操作やプログラミング言語は必要なく、人間に話しかけるような文章で入力をすることができます。このように、人間同士がコミュニケーションをする際に使う言語のことを「自然言語」と呼び、機械がその自然言語を読み取ったり聞き取ったりする処理のことを「自然言語処理」と呼びます。ChatGPTのような対話型の生成AIでは、入力も出力も自然言語となっているため、簡単に使うことができ、まるで機械ではなく人間と対話しているような感覚になりやすいのが特徴です。

　そういった意味で生成AIは、「弱いAI」から「強いAI」に一歩近づいた技術ともいえますが、注意すべきことは、少なくとも現在の技術ではAIに自我や自己意識があるわけではなく、生成AIの出力が「自然」に見えたとしても、それはあくまで「弱いAI」の範囲を超えるものではないということです。したがって生成AIは「感情」や「意志」を持っているわけではなく、入力された質問に対して「自然にみえる」答えを生成する機械であるという前提で利用

していくことが大切です。

　生成AI以外にも、みなさんの日常生活には既にたくさんのAIが利用されています。スマートフォンでは、Siriのような音声アシスタントだけでなく、文字入力をする際の「予測変換」も以前からあるAI技術のひとつです。入力された文字に続けて次にどのような文字が出現する確率が高いかを、日本語の文章のデータベースや、これまでの入力履歴に基づいて推測し、文字入力をスムーズにしてくれます。日常的な機能なので、あまり意識していない人もいるかもしれませんが、データベース上にある単語の組み合わせや、ユーザーが入力した履歴を学習して、次に出現する文字や単語を確率的に推測する方法は、対話型の生成AIが文章を生成する方法と原理的には同じです。

　また、生成AIのように文章を生成するAIが登場する以前から、Googleなどの検索エンジンでは検索対象となるWebページの解析や、ユーザーの質問文の処理に自然言語処理の技術が使われています。AIがWebページのテキストやユーザーの入力データを学習することで、キーワードが厳密に一致しなくても類似した内容のWebページが検索できたり、「サジェスト」といって検索するキーワードの候補を予測して提案したりできるのです。

　AIは写真などの画像処理にも使われています。最近のスマートフォンでは、カメラで撮影しようとすると、人間の顔を認識してピントを自動的に合わせたり、動画を撮影する際に自動的に追跡したりする機能があります。また、撮影した画像を加工する際にも、顔のパーツを認識して特定のパーツだけ大きさを変えたり、人物と背景を認識して色味やバランスを修正したりできますが、これは、大量の画像を学習したAIによって人間の輪郭や顔のパーツを識別することで実現されています。顔の画像を使ってスマートフォンのロックが解除できるのも、画像認識のAIによるものです。この画像認識のAIは、自動運転車の開発にも欠かせません。既に実用化されているものでいえば、前方のカメラの画像から車線や前車の位置を認識して、車線をはみださずに前の車と同じ速度で追従したり、前の車に近づきすぎた時に自動でブレーキをかけたりする安全機能を備えた車も増えています。

　このように、AIは日常的なメディアにおいて広く使われ始めており、そこにAI技術が介在していることに気づきにくいものも少なくありません。一方

で現在のAI技術には限界や課題も指摘されており、その基本的な仕組みやリスクについてしっかりと理解することはメディア・リテラシーの新たな課題となっています。AI技術はつねに変化を続けているものということもあり、それに対するメディア・リテラシーのあり方も十分に定まってはいません。だからこそ、現在の技術がどのような成り立ちで、どこに限界があるのか、理解した上で慎重に利活用していくことが重要なのです。

深 掘 り メ モ ／ **生成AI**

人間の質問や要求に応じて、文章や画像などを生成するAIのこと。単に既存の情報を検索して表示したり、分類した結果を示したりするだけではなく、新たに文章を組み立てたり、これまでに存在していない画像を創造したり、動画や音楽を制作したりすることができる。

AIの基本的な仕組み

近年実用化されているAIは、膨大な量のデータ（ビッグデータ）を学習して予測や判断を行うプログラムのことを指します。この学習プロセスのことを「機械学習」と呼び、もともと組み込まれたルールに従って判断するだけでなく、入力するデータを増やすことによって、予測精度を上げたり、これまでできなかった判断をできるように「成長」させることができます。それによって、AIはあらかじめ想定された命令だけでなく、自然言語などの不定形な入力に対しても柔軟に対応し、新しい状況に適応できるように動作します。

2012年にGoogleの研究者が発表し有名になった事例として、機械学習によってAIがネコの画像を識別できるようになった、というものがあります。YouTubeの動画から1,000万枚もの画像を大量に読み込ませて、画像の特徴を学習させたところ、「ネコの顔」の分類を自己学習することができた、というのです。これは、特徴が類似する画像を機械学習によってグループ分けすることで、人間による「これがネコだ」という識別がなくても、「ネコの顔」とみなせる画像の範囲を特定することができたというもので、「深層学習（ディー

プ・ラーニング）」という手法を使ったものです(2)。この「深層学習」はその後のAI技術の主流となり、生成AIを含む現在のAIはほとんどがこの技術を応用したものになっています。

　このように、現在のAIの本質は、「厳密には違うけれど、だいたい同じようなものを一つの分類として識別する」という人間の認知の特性を模倣することにあります。すなわち、筆跡が異なる「A」という文字を「同じ形」として識別したり、いろいろな色や形のバリエーションがある動物の顔の画像のうち、「ネコ」という種を「同類」として識別したりできるということです。いってみれば、「A」や「ネコ」の最大公約数になるような画像の集合を特定する、というイメージでしょうか。そしてこの技術を、単なる識別ではなく、最大公約数になりそうな画像や文章を出力する処理に発展させたのが、生成AIです。例えば、「ネコ」という入力に対して、あらかじめ識別された「ネコ類」の画像を組み合わせ、多くの人が「ネコっぽい」と感じる確率が高い画像を生成したり、ある質問文に対して、その質問に対する応答としてデータベースにある文章を組み合わせ、最も出現する確率が高い文章を生成したりするわけです。ここで重要なのは、これらのAIのベースにある学習は確率論的な出現頻度に基づくため、生成された画像や文章が「正しい」とは限らないということです。少なくとも学習したデータの中で高確率に出現する最大公約数的なパターンであることは間違いないのですが、その学習データに虚偽や非現実が含まれていれば、AIの生成する結果も偏りを含んだものになるのです。

AIの課題とメディア・リテラシー

AIは嘘をつく？

　先述のとおり、AIが生成する文章や画像は、あくまで学習したデータの中で出現確率が高いものを組み合わせることで成り立っています。そこでは必ずしも、そのデータが信頼にたる情報源から得られたものか、専門家の審査を経たものか、あるいは明確な根拠に基づいた事実なのか、といった検証がされているわけではありません。例えばChatGPTなどの対話型の生成AIは、信頼性

の高い文献資料だけでなく、真偽が確認されていないインターネット上の文書なども大量に学習した「大規模言語モデル」を採用していますが、生成する結果はそれらのデータベースから推測される「統計的にそれらしい応答」です。元のデータに信頼性が不明なものが含まれている以上、事実とまったく異なる内容や、文脈と無関係な内容などが出力されることもあるのです。

文部科学省は、2023年7月に「初等中等教育段階における生成AIの利用に関する暫定的なガイドライン（Ver.1.0）」を公表しましたが、そこでは、対話型生成AIについて以下のように述べられています。

> 対話型生成AIを使いこなすには、指示文（プロンプト）への習熟が必要となるほか、回答は誤りを含むことがあり、あくまでも「参考の一つに過ぎない」ことを十分に認識し、最後は自分で判断するという基本姿勢が必要となる。回答を批判的に修正するためには、対象分野に関する一定の知識や自分なりの問題意識とともに、真偽を判断する能力が必要となる。また、AIに自我や人格はなく、あくまでも人間が発明した道具であることを十分に認識する必要がある。[3]

ここで指摘されているとおり、自分に知識がなく真偽が判断できない事柄について、対話型の生成AIに教えてもらうことはできません。これは、SNSなどのインターネット上の投稿を無批判に信じることができないことと同じです。そこに偽情報・誤情報が混在している前提で、複数の情報源を参照するなど批判的に真偽を吟味する姿勢が求められるのです。（→10章）

AIの偏りは人間の偏りでもある

AIの正確性に影響を与える要素の一つは、AIが学習するために使用するデータの質です。AIは学習データを元に予測や分析を行うため、そのデータが不正確であったり偏っていたりすると、結果も誤ったものになります。単に偽情報・誤情報が混在するというだけでなく、なんらかの判定をAIにさせる際に偏った結果をもたらすこともあります。例えば、黒人女性でAI研究者のJ.ブオラムウィーニ[4]は、これまでのAIによる顔認証システムが、白人男性の判定

はスムーズにできるのに、黒人女性の場合はエラーになる確率が高いことを発見しました。これは、もともとのAIの学習データに白人男性のデータが多く含まれる一方、黒人や女性のデータが相対的に少ないという偏りがあったために起きた歪みでした。このような偏りは、現在の検索エンジンでも簡単に確かめることができます。例えばGoogleの画像検索で「医者・看護師」と入力すると、ほとんどの画像が「男性医師」と「女性看護師」の組み合わせになります⁽⁵⁾。これはGoogleのアルゴリズムが、人間社会で作り出されたデータの分布の「偏り」をある意味では忠実に再現した結果ともいえるのです。

　このような偏りは、AIの判断を社会システムに応用した際には大きな問題になります。例えば、アメリカの一部の州では、裁判中の被告人を保釈してよいかどうかの判断をするために、AIによる再犯率予測プログラムを導入していました。しかし、この再犯率予測では、白人の再犯率が低く、黒人の再犯率が高く推定される傾向がありました。これを実際の再犯率と比較すると、白人の再犯率は実際よりも低く予測され、黒人の再犯率は実際よりも高く予測されていたために、裁判所の判断をかえって歪ませていた可能性があると指摘されたのです。このようにAIは、データの偏りをそのまま学習することで、人間社会の中にある（無意識の）偏見を反映し、場合によっては差別を拡大する危険性すら持っているのです⁽⁶⁾。

プラットフォーム経済に最適化されたAI

　一方で、AIの学習の際に、「正解」として与えられる「教師データ」の設定に問題があるケースも少なくありません。近年の検索エンジンやSNS、動画共有サイトなどのプラットフォームでは、ユーザーの反応データ自体を「教師データ」として学習するAIが組み込まれています。つまり、プラットフォームを利用するみなさん自身が知らず知らずのうちにAIの「教師」となっているのです。例えば、多くのSNSでは、ユーザー個人個人の「いいね！」やクリックの行動履歴を基にして、そのユーザーの好みを学習し、クリック率が高くなるように広告やコンテンツを表示します。もし、そのユーザーがAIの想定どおり反応（クリック）すれば、それはAIの機械学習にとって「正解」と扱われます。そして十分な反応が得られなければ、それを「不正解」として、今度

は別の広告やコンテンツを試すことで学習を進めているのです。このようにして、AIは広告やコンテンツの精度を高め、より多くクリックされ、より多くの広告収益が得られるように「最適化」をしていきます。この学習はユーザーにとって便利な面もありますが、多くの場合AIが目指しているのはプラットフォームを運営する企業の収益を最大化することであり、必ずしも正確な情報や、偏りのない公正な情報に最適化されるわけではないのです。

　さらに、このプロセスは私たちのプライバシーにも大きな影響を及ぼしています。私たちがプラットフォーム上で反応するたび、それはデータとして記録され、解析され、保存され、AIの学習データになります。そして、そのデータは私たちの行動予測だけでなく、広告のターゲティングや製品開発、市場調査など、さまざまな目的で利用されます。こうした情報がどこでどのように利用されるのか、把握することは容易ではなく、時には人には知られたくない趣味や趣向に関する広告などが思わぬ場面で表示されて驚くこともあるでしょう。このようなデータをどこまで開示するのか、プラットフォームによってはその用途を制限する機能を持つものもあります。自分のデータの使いみちを、主体的に考えることもメディア・リテラシーの一部になりつつあるのです。

　このようなメディア環境の中で批判的な眼を持ち続けるには、AIが私たちの生活に介在するそのプロセスを意識し、利便性だけでなくリスクも考えることが重要です。私たちの注意力は限られており、それをどのように使うかは私たち自身の選択によるべきです。また、AIが提供する情報はあくまで一部の視点を反映した偏った可能性のあるものであることを理解し、複数の情報源から多角的な情報を得るための努力も忘れてはなりません。

AI利用者の「責任」

　AIやAIを組み込んだプラットフォームには、それぞれ「利用規約」や「プライバシー・ポリシー」といった取り決めがあり、多くの場合初回の利用時になんらかの形で確認をしているはずです。これらの取り決めの中には、利用者の年齢を制限するものや、保護者の同意を必須にするものなども含まれます。実際は、このような文章は長文で難解なことも多いため、読まずに「同意」してしまう人も多いことでしょう。しかし、規約に「同意」したということは、

プライバシーや個人情報の利用についてもその記述に従うという意志表示であり、さらには、なんらかの「違反」があった際には責任が問われることもあるということです。

　AIをうまく活用しつつ、同時に自分たちのプライバシーやデータを主体的に守るためには、このような規約を理解するとともに、著作権などの権利についても知っておく必要があります。特に生成AIにおいては、プロンプト（指示文）に入力した個人情報やプライバシーに関する情報が機械学習に利用されることによって、生成AIの回答として出力されてしまう可能性もあります。生成AIなどの利用の際には、あらかじめプロンプトが学習に利用されないように設定を確認したり、そもそもプロンプトに個人情報やプライバシーに関する情報を入力しないように注意する必要があります。

　また、プライバシーに関わる情報でなくても、他者の著作物やインターネット上の権利不明の文章などをプロンプトにそのまま入力することは、著作物の保護の観点から避けるべきでしょう。さらに、AIが出力した文章や画像などが、どのような入力データに基づいて生成されたのか不明なまま、意図せざる形で既存の著作物の権利を侵害する可能性もあります。生成AIを利用してなんらかの文章や画像を作成する際には、それが既存の著作物の権利を侵害していないか注意するとともに、AIを利用した旨やAIからの引用であることを明示して、その信憑性や独自性も含め、最終的には自己の制作物として責任を持つことが求められます。生成AIにおける著作権の考え方については、まだ十分なルールが確立していない面もありますので、疑念がある場合は必ず最新の情報を確認することも重要でしょう。

AIのメディア・リテラシーとは

　これまで、AIの仕組みや活用例に触れながら、さまざまな問題点についても考えてきました。これらを改めて整理するために、再び文部科学省の「初等中等教育段階における生成AIの利用に関する暫定的なガイドライン（Ver.1.0）」を参照してみましょう。このガイドラインでは、「各学校で生成AIを利用する際のチェックリスト」として表15‒1のような項目が挙げられています。記述は主に教員向けのものとなっていますが、当然ながら学習者自身が考えるべき

表15-1　各学校で生成AIを利用する際のチェックリスト[3]

☐ 生成AIツールの利用規約を遵守しているか
　（年齢制限・保護者同意を遵守しているか）
　・ChatGPT（OpenAI社）は13歳以上、18歳未満の場合は保護者同意が必要
　・Bing Chat（Microsoft社）は成年であること、未成年の場合は保護者同意が必要
　・Bard（Google社）は18歳以上であることが必要

☐ 事前に、生成AIの性質やメリット・デメリット、情報の真偽を
　確かめるような使い方等に関する学習を実施しているか

☐ 教育活動の目的を達成する上で効果的か否かで
　利用の適否を判断しているか

☐ 個人情報やプライバシーに関する情報、
　機密情報を入力しないよう、十分な指導を行っているか

☐ 著作権の侵害につながるような使い方をしないよう、
　十分な指導を行っているか

☐ 生成AIに全てを委ねるのではなく最後は自己の判断や考えが
　必要であることについて、十分な指導を行っているか

☐ AIを利用した成果物については、AIを利用した旨やAIからの
　引用をしている旨を明示するよう、十分な指導を行っているか

☐ 読書感想文などを長期休業中の課題として課す場合には、
　AIによる生成物を自己の成果物として応募・提出することは
　不適切又は不正な行為であること、自分のためにならないことなどを
　十分に指導しているか。保護者に対しても、
　生成AIの不適切な使用が行われないよう、周知・理解を得ているか

☐ 保護者の経済的負担に十分に配慮して
　生成AIツールを選択しているか

指針としても活用できるものです。

　多くの項目は、これまでの説明に出てきたAIの持つリスクに対応したものであることがわかるかと思います。AIはまだ新しい技術であり、今後も大きく変わっていくことが予想されます。このガイドラインも暫定的なものですが、同時にAIを利活用するメディア・リテラシーも変化していくことを前提に学び続けていく姿勢が重要です。

　AIは私たちの生活を便利にし、多くの作業を効率化してくれます。しかし、それはあくまで「ツール」であり、私たちの意志決定をそのままAIに委ねるものではありません。AIの出力や提案を参考にすることは有用ですが、最終的な判断は私たち自身が行うべきです。AIの出力や提案は、あくまでその学習データに基づいた「予測」や「推定」であり、必ずしも真実を反映しているわけではないからです。

　AIから得た情報の真偽を確かめるには、まずその情報がどのようなデータに基づいて得られたものなのかを理解することが重要です。そのデータがどの程度信頼でき、あるいはどの程度偏っているのかを調べることで、その情報の信憑性をある程度推測することができます。さらに、可能であれば複数の情報源を確認したり、同じ質問を他のAIに投げかけたりすることで、内容の検証をしてみることも大切でしょう。このように考えると、AIのメディア・リテラシーといっても特別なものではなく、その基本的な素養はこれまでのメディア・リテラシーの延長にあるものです。AI特有の仕組みや危険性を理解した上で、本書でこれまで解説してきたメディア・リテラシーを応用したりアレンジしたりする試みを創意工夫していくことが有用といえるでしょう。

参考・引用文献

（1）鳥海不二夫：『強いAI・弱いAI　研究者に聞く人工知能の実像』丸善出版（2017）
（2）松尾豊：『人工知能は人間を超えるか ディープラーニングの先にあるもの』KADOKAWA（2015）
（3）文部科学省：「初等中等教育段階における生成AIの利用に関する暫定的なガイドライン（Ver.1.0）」https://www.mext.go.jp/content/20230718-mtx_syoto02-000031167_011.pdf　（参照2023-09-01）
（4）J. Buolamwini：" Gender Shades:Intersectional Phenotypic and Demographic Evaluation of Face Datasets and Gender Classifiers". Massachusetts Institute of Technology (2017)
（5）田中東子：「AI/アルゴリズムとインターセクショナルなフェミニズム，」東京大学B' AIグローバル・フォーラム・板津木綿子・久野愛編：『AIから読み解く社会: 権力化する最新技術』pp.231-244 東京大学出版会（2023）
（6）江間有沙：『AI社会の歩き方 人工知能とどう付き合うか』化学同人（2019）

世界は切り取られてできている

中橋 雄(なかはし ゆう)

① 身についた
メディア・リテラシーを確認する

何を学ぶことができたのか

　本書の目的は、メディア社会に参画するすべての人にメディア・リテラシーという能力を身につけてもらうことでした。ここでのメディア・リテラシーとは、「メディアの意味と特性を理解した上で、受け手として情報を読み解き、送り手として情報を表現・発信するとともに、メディアのあり方を考え、行動していくことができる能力」のことでした。[1]

　そして、メディア・リテラシーを身につけることによってできるようになると期待されることとして、「勝手な思い込みによる混乱や争い、偏見や差別を回避する」「権力が暴走しないよう監視して民主主義を守る」「当たり前になっている固定観念に疑問をもつことで人の生きづらさを解消する」「嘘の情報や情報操作に対してまどわされないようにする」「新たな文化を創造することで人の心を豊かなものにする」といったことを挙げました。

　本書では、これら5つの柱について15の切り口から学んできました。それは、これまでの蓄積を柱とすることで、これからの時代に求められるメディア・リテラシーが狭い範囲に限定されたものにならないようにするために、また、「この他にも必要性や期待があるのではないか？」と発展的に考えることができるようにするために、一定の枠組みで確認することが重要だと考えたからでした。以下では各章の内容を振り返ることで、学んできたことを確認してもらいたいと思います。

勝手な思い込みによる混乱や争い、偏見や差別を回避する

　第1章の切り口は、「メディア・リテラシー」でした。メディア・リテラシーという言葉の成り立ちを理解するために「メディアとは何か」「リテラシーとは何か」という定義を確認した上で、メディア・リテラシーが必要とされる理由について確認しました。また、フィルターバブルを例に挙げ、勝手な思い込みをしないために、新しい技術がもたらす仕組みの変化を捉える重要性についても学びました。

　第2章の切り口は、「テレビニュース」でした。ニュースには、「新しさ」「人間性」「社会性」「地域性」「記録性」「国際性」など、伝える価値があるかどうかを判断する基準があることや、いまの世の中にとっての重要さの度合い、人々の関心の度合いなどを考慮して取材する項目が決められていることを確認しました。事実に基づくニュースであっても、送り手が考えた意図が伝わるように事実を再構成するものだということを学びました。

　第3章の切り口は、「統計」でした。統計は、個々の事柄ではなく集団全体の傾向や性質を数量的に明らかにすることでした。統計は、数字で表現されているため客観的な感じがします。しかし、実際にはグラフの見せ方などは、差がわかりやすいように0から始まらなかったり、途中を波線などで省略したりというように、伝えたいことが伝わるように工夫がされているということでした。グラフから受けた印象そのままを受け取るのではなく、その統計の目的や調査方法、集計の仕方、分析の仕方などを確認する重要性を学びました。

　以上のことを学び、勝手な思い込みによる混乱や争い、偏見や差別を回避することができるメディア・リテラシーは身についたでしょうか？

権力が暴走しないよう監視して民主主義を守る

　第4章の切り口は「新聞」でした。新聞は、全国紙、ブロック紙・地方紙、専門紙などがあること、決まった時間に届けてくれる戸別配達制度があること、記者が取材して書いた記事を複数の人たちでチェックしていること、特ダネ競争があるため新聞社によって扱われているニュースが異なることなど、さまざまな特徴がありました。また、権力機構の組織犯罪などに挑む調査報道に取り

組み、権力が暴走しないように監視する役割を果たしてきたことを学びました。

　第5章の切り口は、「動画投稿サイト」でした。動画投稿サイトには、おもしろい発想や独創的なアイデアを表現する「自由」がある一方で、悪意のある表現や不適切な動画が公開される問題もあると説明されていました。肖像権侵害、著作権侵害、人権侵害などに権力が介入して表現の自由が制限されると権力の不正を暴くことも難しくなるため動画投稿サイトでの表現の自由は、利用者同士の意思表示や合意によって形成・維持されるべきだと強調されていました。

　第6章の切り口は、「虚構と現実」でした。メディアの中には事実に基づくものと事実ではないものがあるため、区別して受け止めることが必要になるという内容でした。特に人を楽しませるバラエティー番組に必要となる本物らしさには、「虚構と現実」の境界を曖昧にする構造があることを確認しました。一方で、「行き過ぎた表現」に対して権力が介入すると表現の自由が制限され、民主主義を守れなくなる危険性があることを学びました。

　以上のことを学び、権力が暴走しないよう監視して民主主義を守ることができるメディア・リテラシーは身についたでしょうか？

当たり前になっている固定観念に疑問を持つことで
人の生きづらさを解消する

　第7章の切り口は、「ステレオタイプ」でした。ステレオタイプは多くの人に浸透している先入観や思い込みのことでした。ステレオタイプは勝手に人々のなかに生まれるものではなく、特定の対象に対する何かしらのイメージがメディアによって拡散されて生み出されると説明されていました。立場によって捉え方が異なるため、それぞれの立場から考える重要性が指摘されていました。

　第8章の切り口は、「写真」でした。写真は、ある瞬間の一部を静止画として切り取り、情報を伝えるメディアでした。情報の送り手は、魅力的な「現実」を選び、魅力的に感じられる方法で伝えるため、素朴な現実よりも伝えられたイメージの方が魅力的に感じられることがあるということでした。写真の加工が許される範囲は人によって異なることや加工されていない写真であったとしても「ありのまま」を伝えているわけではないということを確認しました。

第9章の切り口は、「広告・キャッチコピー」でした。何をどのように映すのかという視点、ナレーションの声色やBGMの曲調といった音声の視点、どのような設定・ストーリーなのかという状況設定の視点などといったように、さまざまな視点から広告を分析する方法を学びました。また、広告表現は、興味や関心を惹きつけ、表現の理解をスムーズにするために、人々が既に持っているステレオタイプを利用して表現することがあるということも確認しました。

　以上のことを学び、当たり前になっている固定観念に疑問を持つことで人の生きづらさを解消することができるメディア・リテラシーは身についたでしょうか？

嘘の情報や情報操作に対してまどわされないようにする

　第10章の切り口は、「フェイクニュース」でした。フェイクニュースは、害を加える意図はないが人を騙す可能性があるものから、意図的に騙して害を与えるものまであるということでした。また、フェイクニュースには、「正確な部分と不正確な部分が混じっている」「一見事実と異なることは言っていないが、釣り見出しや重要な事実の欠落によって誤解される可能性がある」「誤りと証明できないが、証拠や根拠がない、あるいは極めて乏しい」といった内容があるため、さまざまな視点で読み解く必要があるということを学びました。

　第11章の切り口は、「読者投稿型サイト」でした。「読者投稿型サイト」は、読者が誰でも自由に情報を公開することができ、その情報を他の読者が閲覧できる、情報交換の場となるサイトでした。誰もが書き込める一方、専門家のチェックがないという点で信憑性に欠けるところがあると説明されていました。嘘の情報なのか確実に見分ける方法はないとしても、情報の出所を参照するなど、できる限り自分でも調べて判断することが重要だということを学びました。

　第12章の切り口は、「SNS」でした。SNSは、インターネット上で複数の人々と相互交流ができるメディアでした。ユーザー自身が発信・投稿をする仕組みになっているところに特徴がありました。個人が自由な表現や発信ができる反面、その内容は玉石混交であるため、偽情報・誤情報も混在していることを理解して利用することが重要でした。

　以上のことを学び、嘘の情報や情報操作に対してまどわされないようにする

ことができるメディア・リテラシーは身についたでしょうか？

新たな文化を創造することで人の心を豊かなものにする

　第13章の切り口は、「編集」でした。「編集」は、広い意味で、人間が知識や情報を何らかの手法で組み立て改変をしていく知的作業のすべてを指す言葉でした。編集によって、映像の世界は現実そのものではなく、時間的・空間的に再構成された新しい現実が生まれていることを理解した上で、テレビ番組や動画の視聴を楽しむ重要性が指摘されていました。

　第14章の切り口は、「著作権」でした。著作権の目的は、「人の作品を勝手に使ってはいけないようにすること」ではなく、「文化の発展に寄与すること」だということを学びました。誰もが情報発信できる時代において、受け手としても送り手としても著作権に関して理解しておく必要性があるということでした。また、新たな技術の登場などによって著作権のあり方を見直す際には、その理解に基づき、対話を通じて考えていくことが重要だと学びました。

　第15章の切り口は、「AI」でした。AIは、データを「学習」して人間の知識や判断を模倣する機械のことでした。AIと呼ばれているものには多様な種類があること、さまざまな用途に使われていることを確認しました。AIは私たちの生活を便利にし、多くの作業を効率化してくれます。新たな文化を創造する可能性を秘めたツールであると考えることもできます。しかし、それはあくまでツールとして利用することが重要だということを学びました。

　以上のことを学び、新たな文化を創造することで人の心を豊かなものにすることができるメディア・リテラシーは身についたでしょうか？

身につけた
メディア・リテラシーを活かす

何が身についたのか

　最後に本書を通じて、どのような力が身についたのか、その力をどのように活かしていけばよいか考えて、書き出してみてもらいたいと思います。書き出

すことによって思考が可視化され、自分を見つめ直すことができるはずです。

　本書のメインタイトルは、『世界は切り取られてできている』でした。この本を手に取った時には「どういうこと？」と思った人が多かったのではないでしょうか。しかし、本書を読み終えようとしているみなさんはその意味を理解できているのではないかと思います。

　メディアは、現実の一面を切り取って伝えるものであり、私たちの現実の認識は意図を持って切り取られた世界の蓄積によって構成されています。意図を持って切り取られていないものは、送り手と受け手の間で情報を媒介するものとして機能することはありません。つまり、そんなメディアは存在しえないのです。メディアがメディアである以上、切り取って伝えることから逃れられません。切り取られているからこそ、わかりやすく魅力的なものにすることができます。一方、切り取られることで見えなくなっていることがあるということも忘れてはならないでしょう。

望ましい社会や文化を創造するために

　本書では、多様な切り口からメディアについて学んできました。メディアの特性を意識することによって、メディアに関するものの見方・考え方・表現の仕方が変わったのではないでしょうか？　身につけたメディア・リテラシーを発揮することで、偏見や差別による対立などさまざまな問題を解決するとともに、人々にとって心地のよい望ましい社会や文化を創造していくことができるはずです。

　メディア・リテラシーは、知識として理解しているだけでは意味がありません。実際に日常生活や学習活動の中で、その力を発揮してこそ、メディア・リテラシーを身につけることができたと言えると思います。本書で、メディア・リテラシーという能力について学んだみなさんが、その能力を活かして活躍してくれることを期待しています。

参考・引用文献
（1）中橋 雄：『メディア・リテラシー論—ソーシャルメディア時代のメディア教育』北樹出版（2014）

あとがき

　私が本書を編むきっかけとなったのは、ＮＨＫ学園高等学校が2022年度からの新カリキュラムに合わせて設置した講座「メディア・リテラシー」を監修する機会をいただいたことでした。この講座はＮＨＫ学園高等学校の生徒全員が１年次に学ぶ特別な科目です。

　2022年度から実施された高等学校の新教育課程では、それまでの教科情報を発展させるかたちで必履修科目「情報Ⅰ」が設置されました。この「情報Ⅰ」は、「コミュニケーションと情報デザイン」「コンピュータとプログラミング」「情報通信ネットワークとデータの活用」について学び、「情報社会の問題解決」を行う能力を育成することが重視されています。

　一方、これからの時代は、そうした問題解決能力と関連する能力として、メディアの特性を理解した上で情報を読み解き、表現・発信するとともに、そのあり方について考え行動できる能力を養うことが重要になると考えられます。高校時代は本格的にメディア社会に参画する機会が増える時期となるため、講座「メディア・リテラシー」を学校外学修としてカリキュラムに組み込むことになったのです。

　これまでになかった内容の講座であったため、新しく開発する必要がありました。講座の指導講師を依頼した6名の研究者（本書の著者でもあります）とＮＨＫ学園と私とで相談をしながら共同で学習内容を作り上げました。そして、この講座での学びを深めるための本書を企画・出版するに至りました。書籍として出版することで社会全体に共有できることには意義があると考えたからです。ぜひまわりの方にも本書を紹介していただければと思います。

　本書を出版するにあたっては、多くの方にお世話になりました。とりわけ、講座の開発においては、ＮＨＫ学園高等学校情報科の鈴木祐先生、森山了一先生にお世話になりました。ここに感謝の気持ちを記したいと思います。

2024年1月

中橋　雄

事項索引

あ行

青空文庫 ……………165
アテンションエコノミー ……………115
アプリ／アプリケーション ……………24, 104, 107, 139, 146, 151
アルゴリズム ……………26, 141, 142, 143, 145, 146, 174
イデオロギー ……………28, 93
インスタグラム（Instagram）……………138
インターネット ……………9, 12, 17, 18, 22, 24, 25, 36, 45, 52, 59, 62, 64, 69, 70, 81, 108, 110, 111, 112, 115, 119, 121, 122, 123, 125, 130, 135, 138, 139, 140, 141, 151, 163, 165, 166, 169, 173, 183
陰謀論 ……………119
ウィキペディア ……………128, 130, 132
映像文法 ……………152, 153, 154
映像編集 ……………151, 153, 159
エコーチェンバー ……………25, 123, 143, 144, 145, 147
エックス（X）／ツイッター（Twitter）……………138, 139, 144, 145
オーディエンス ……………28, 94
オーファンワークス ……………166

か行

拡散 ……………86, 92, 118, 119, 122, 123, 141, 145, 146, 182
拡散性 ……………140, 141, 145, 147
学習データ ……………172, 173, 174, 175
確証バイアス ……………143
価値観 ……………14, 22, 23, 28, 76, 89, 93, 106, 126, 145
機械学習 ……………171, 174, 176
記号 ……………17, 112, 114
キャッチコピー（第9章を除く）……………11, 93, 183
キャンペーン報道 ……………58
口コミ ……………86, 108, 132, 133, 135, 137
クリエイティブ・コモンズ・ライセンス（CCライセンス）……………166
掲示板 ……………64, 121, 128, 131, 139
検索エンジン ……………121, 170, 174
権力 ……………10, 21, 22, 59, 71, 72, 80, 81, 181, 182
公共空間 ……………140
公共広告 ……………108, 109
公共団体 ……………39, 40, 44
公共の場 ……………145
広告（第9章を除く）……………11, 65, 82, 104, 105, 106, 121, 125, 146, 175, 183
広告収入／広告収益 ……………23, 65, 146, 175
広告戦略 ……………111, 115, 116
広告費 ……………65, 110, 111
公衆送信権 ……………69
構図 ……………106, 107
行動ターゲティング広告 ……………146
行動履歴 ……………142, 146, 147, 174
公平 ……………134, 156, 157, 158
個人情報 ……………68, 69, 176, 177
固定観念 ……………10, 11, 22, 86, 180, 182
コミュニケーション ……………10, 14, 93, 139, 140, 141, 147, 151, 169

コミュニティ …………14, 71
コンテンツ／情報内容 …………9, 13, 14, 18, 64, 123, 138, 165, 174, 175

行

再構成 …………9, 33, 89, 159, 181, 184
サブリミナル効果 …………109
差別 …………10, 11, 21, 22, 39, 49, 102, 122, 130, 174, 180, 181, 185
シェア …………82, 139, 141, 142, 143, 145, 147
社会基盤 …………19
肖像権 …………66, 67, 68, 70, 71, 182
承認欲求 …………145
消費者 …………57, 111, 113, 114
情報インフラストラクチャー …………19
情報操作 …………10, 11, 23, 180, 183
情報装置 …………13
情報番組 …………33, 34, 35, 74
情報モラル …………71
人権侵害 …………21, 70, 71, 182
深層学習／ディープラーニング …………171, 172
信憑性 …………14, 129, 131, 134, 176, 178, 183
新聞（第4章を除く） …………17, 19, 24, 27, 29, 38, 42, 89, 96, 106, 109, 148, 153, 179
ステレオタイプ（第7章を除く） …………11, 36, 115, 116, 182, 183
生成AI …………169, 170, 171, 172, 173, 174, 176, 177
全国紙 …………31, 53, 57, 61, 181
先入観 …………86, 182
ソーシャルメディア …………13, 44, 140, 164, 169

行

ターゲティング …………146, 175
第三者機関 …………71, 83, 125
対話 …………14, 36, 83, 105, 106, 168, 169, 172, 173, 184
地方紙 …………53, 56, 57, 61, 181
調査報道 …………31, 58, 59, 181
著作権（第14章を除く） …………11, 69, 71, 176, 177, 182, 184
著作権法 …………160, 161, 163
ディープフェイク …………119
テキストマイニング …………40
デジタルタトゥー …………140
テレビ局 …………24, 29, 36, 74, 91, 92, 153
テレビCM …………108, 109, 111, 112, 113
テレビ番組 …………12, 18, 20, 24, 65, 71, 74, 78, 83, 91, 151, 152, 154, 155, 157, 158, 159, 163, 184
動画配信 …………64
統計（第3章を除く） …………11, 173, 181
ドキュメンタリー …………74, 75, 76, 77, 93, 94, 95, 151, 152, 155
トリミング …………107

な 行

二次創作 …………164
2ちゃんねる／5ちゃんねる …………128, 131, 139
日本音楽著作権協会（JASRAC） …………69, 165
ニュージアム・イーディー …………123
ニュース番組 …………29, 30, 32, 33, 35, 74, 77, 78, 93, 150
認知バイアス …………143

捏造 …………58, 99, 119, 120, 122
ノンフィクション …………74, 75, 95

　行

パーソナライズ …………123, 142, 143
パブリシティー …………68
バラエティー 番組 …………74, 78, 79, 80, 81, 182
パロディー …………119, 120
汎用AI …………168
ビッグデータ …………171
批判的 …………14, 138, 173, 175
誹謗中傷 …………70, 130, 139, 145, 146
表現の自由 …………70, 71, 72, 81, 83, 182
ファクトチェック …………125, 126, 127
フィクション …………74, 75, 76, 95
フィルターバブル …………25, 26, 143, 181
フェイクニュース（第10章を除く）…………11, 138, 183
フェイスブック（Facebook）…………138, 139
複製／コピー …………141, 145, 162, 163
プライバシー・ポリシー …………175
プライバシー …………68, 69, 70, 147, 175, 176, 177
プラットフォーム …………125, 174, 175
フレーム …………100, 107
プロパガンダ …………119, 122
偏見 …………10, 21, 22, 39, 49, 102, 174, 180, 181, 185
編集（第13章を除く）…………11, 24, 29, 32, 33, 34, 58, 65, 67, 80, 93, 94, 128, 142, 184
放送法 …………29, 157, 158
放送倫理基本綱領 …………29
放送倫理・番組向上機構 …………80, 83
報道機関 …………29, 30, 36
報道番組 …………33, 159
ポータルサイト …………121
ボット …………123

　行

マスコミ …………36, 93, 119, 125
マスゴミ …………36
マスコミ批判 …………36, 93
マスメディア …………118, 138, 142, 150
ミスリード …………120, 122, 127
民主主義 …………10, 11, 21, 22, 71, 81, 118, 180, 181, 182
メディア環境 …………9, 10, 24, 175
メディア言語 …………112, 114
メディア社会 …………8, 9, 81, 83, 101, 180
メディア・テクスト …………89
メディア特性 …………28, 30, 64, 138
メディアの特性 …………13, 19, 21, 22, 23, 28, 29, 30, 147, 185
メディア・リテラシー（序章、第1章、終章を除く）…………28, 30, 35, 36, 61, 62, 83, 87, 89, 90, 91, 92, 95, 100, 102, 105, 107, 112, 114, 123, 125, 127, 151, 160, 169, 171, 172, 175, 176, 178
文部科学省 …………9, 173, 176

　行

やらせ …………94

ら行

リアリティー …………79, 95
リテラシー …………17, 19, 20, 23
リプレゼンテーション …………87, 89, 90, 91, 92, 95
リポスト …………82, 145, 146
レーティング …………125, 127

ＡＢＣ

ACジャパン …………109
AI(第15章を除く) …………9, 11, 25, 71, 142, 157, 184
ChatGPT …………169, 172, 177
FIJ(特定非営利活動法人ファクトチェック・イニシアティブ) …………125, 126
GIGAスクール構想 …………9
Google …………43, 64, 69, 94, 170, 174, 177
RDD(ランダム・デジット・ダイヤリング) …………45
SNS(第12章を除く) …………9, 11, 12, 26, 69, 81, 82, 83, 98, 109, 115, 118, 122, 123, 124, 125, 133, 150, 173, 174, 183
UGC(ユーザー生成コンテンツ) …………138, 141
Yahoo! 知恵袋 …………128, 129, 130
YouTube …………64, 65, 66, 70, 112, 130, 165, 171

人名索引

あいう

池上嘉彦 …………115
北田暁大 …………139
木村忠正 …………130
佐々木裕一 …………65
下村健一 …………59, 60, 131, 134
津田大介 …………130
徳山喜雄 …………61
鳥海不二夫 …………144
山口真一 …………145

ＡＢＣ

D.バッキンガム(Buckingham,D.) …………89, 90, 91, 92, 93, 95
D.ブーアスティン(Boorstin,D.) …………101
D.ボイド(Boyd,D.) …………140
J.ブオラムウィーニ(Buolamwini,J.) …………173
L.マスターマン(Masterman,L.) …………100
R.ホッブス(Hobbs,R.) …………90, 91, 92, 94, 95

著 者 紹 介 (五十音順)

宇治橋祐之（うじはし ゆうじ）

日本放送協会放送文化研究所主任研究員

修士（学術）。NHKのディレクターを経て現職。専門はメディア教育，メディア・リテラシー。主な制作番組に学校放送番組や教育情報番組、教育ドキュメンタリー及びNHK for Schoolなどのデジタル教材。主な著作に編著『これからのメディアとメディア研究を考える 放送メディア研究15』(NHK出版)、共著『メディア・リテラシーの教育論—知の継承と探究への誘い』(北大路書房)などがある。

宇田川敦史（うだがわ あつし）

武蔵大学社会学部准教授

東京大学大学院学際情報学府博士後期課程修了・博士（学際情報学）。複数のIT企業勤務を経て2022年度より現職。専門分野はメディア論、メディア・リテラシー。主な著作に共著『プラットフォーム資本主義を解読する：スマートフォンからみえてくる現代社会』(ナカニシヤ出版)、共著『ソーシャルメディア・スタディーズ』(北樹出版)などがある。

後藤心平（ごとう しんぺい）

広島経済大学メディアビジネス学部准教授

東北大学大学院情報科学研究科博士課程後期所定単位修得後退学・博士（情報科学）。放送局勤務を経て2021年度より現職。専門分野は、メディア論、メディア・リテラシー論、ジャーナリズム論、教育工学など。主な著作に編著『大人からの進化術：九州育ちが強い理由』(九州大学出版会)などがある。

鶴田利郎（つるた としろう）

国際医療福祉大学小田原保健医療学部専任講師

早稲田大学大学院人間科学研究科博士後期課程修了・博士（人間科学）。早稲田大学、首都大学東京での勤務を経て2018年度より現職。専門分野は教育方法学、教育工学。主な著作に共著『メディア・リテラシーの教育論—知の継承と探究への誘い』(北大路書房)、共著『Tackling Cyberbullying and Related Problems: Innovative Usage of Games, Apps and Manga』(Routledge)などがある。

村井明日香（むらい あすか）

昭和女子大学人間社会学部准教授

東北大学大学院情報科学研究科博士後期課程修了・博士（情報科学）。テレビ番組のディレクターを経て2023年度より現職。専門分野はメディア論、メディア・リテラシー論、情報リテラシー論。主な演出番組に「ザ・ノンフィクション〜青春YELL！花の中学生応援団3000日」（フジテレビ）、「テレメンタリー2013 もう一つの学校『はじめ塾』」（テレビ朝日）などがある。

森本洋介（もりもと ようすけ）

弘前大学教育学部准教授

京都大学大学院教育学研究科博士課程研究指導認定退学・博士（教育学）。専門分野は、教育方法学、比較教育学。主な著作に単著『メディア・リテラシー教育における「批判的」な思考力の育成』(東信堂)、共著『メディア・リテラシーの教育論—知の継承と探究への誘い—』(北大路書房)、共著『メディアリテラシー　吟味思考を育む』(時事通信社)などがある。

編著者紹介

中橋 雄(なかはし ゆう)

日本大学文理学部教授

関西大学大学院総合情報学研究科博士課程後期課程修了・博士(情報学)。福山大学、武蔵大学などでの勤務を経て2021年度より現職。専門分野は教育方法学、教育工学、メディア・リテラシー論。主な著作に単著『【改訂版】メディア・リテラシー論―ソーシャルメディア時代のメディア教育』(北樹出版)、編著『メディア・リテラシーの教育論―知の継承と探究への誘い』(北大路書房)などがある。

世界は切り取られてできている
メディア・リテラシーを身につける本

2024年2月25日　第1刷発行

編著者　中橋 雄
編　者　NHK学園　©2024 NHK GAKUEN
発行元　NHK学園
発売元　NHK出版
　　　　〒150-0042　東京都渋谷区宇田川町10-3
　　　　TEL　0570-009-321 (問い合わせ)
　　　　　　　0570-000-321 (注文)
　　　　ホームページ　https://www.nhk-book.co.jp
印刷・製本　共同印刷

装丁・本文デザイン・DTP　中井辰也(GIRO)
編集協力　田原朋子(TA企画)
校正　円水社